du:selbst

Selbstgesteuertes Lernen im Deutschunterricht

Kurzgeschichten
Jahrgänge 8 – 11

Von Klaus Lill

Schöningh

© 2010 Bildungshaus Schulbuchverlage
Westermann Schroedel Diesterweg Schöningh Winklers GmbH
Braunschweig, Paderborn, Darmstadt

www.schoeningh-schulbuch.de
Schöningh Verlag, Jühenplatz 1–3, 33098 Paderborn

Das Werk und seine Teile sind urheberrechtlich geschützt.
Jede Nutzung in anderen als den gesetzlich zugelassenen Fällen bedarf der
vorherigen schriftlichen Einwilligung des Verlages.
Hinweis zu § 52a UrhG: Weder das Werk noch seine Teile dürfen ohne eine
solche Einwilligung gescannt und in ein Netzwerk gestellt werden.
Das gilt auch für Intranets von Schulen und sonstigen Bildungseinrichtungen.

Auf verschiedenen Seiten dieses Buches befinden sich Verweise (Links) auf
Internet-Adressen. Haftungshinweis: Trotz sorgfältiger inhaltlicher Kontrolle wird
die Haftung für die Inhalte der externen Seiten ausgeschlossen. Für den Inhalt
dieser externen Seiten sind ausschließlich deren Betreiber verantwortlich.
Sollten Sie dabei auf kostenpflichtige, illegale oder anstößige Inhalte treffen, so
bedauern wir dies ausdrücklich und bitten Sie, uns umgehend per E-Mail davon
in Kenntnis zu setzen, damit beim Nachdruck der Verweis gelöscht wird.

Druck 5 4 3 / Jahr 2014 13 12
Die letzte Zahl bezeichnet das Jahr dieses Druckes.

Umschlaggestaltung: Franz-Josef Domke, Hannover
Umschlagmotiv: Photri Inc./OKAPIA
Druck und Bindung: westermann druck GmbH, Braunschweig

ISBN 978-3-14-022233-4

Inhaltsverzeichnis

Vorbemerkungen 5

Einführung in die Arbeit mit dem Portfolio und selbstgesteuertes Lernen 6

Reihenplanung: Kurzgeschichten 8

Reihenübersicht 10

Kompetenzdiagnose
Hinweise zum Diagnosebogen 12
Diagnosebogen: Vorwissen 14
Diagnosebogen: Text 17
Diagnosebogen: Auswertung 18
Diagnosebogen: Lösung 20

Sequenz 1 — Stationenlernen

Sequenz 1: Hinweise zum Stationenlernen 23
Stationenlernen: Kurzgeschichte: Übersicht 24
Stationenlernen: Kurzgeschichte: Laufzettel 25
Station 1: Einstieg 26
Station 2: Merkmale einer Kurzgeschichte 30
Station 3: Sprache, Inhalt, Form 34
Station 4: Das Ende fehlt 40
Station 5: Kurzgeschichte schreiben 43
Station 6: Perspektive 44
Station 7: Analyse 47
Lehrerhinweise zu Sequenz 1 49

Sequenz 2 — Kooperatives Lernen

Sequenz 2: Hinweise zum kooperativen Lernen 54
Aufgabe 1: Charakterisierung 55
Aufgabe 2: Theorie der Kurzgeschichte 59
Aufgabe 3: Vergleich zweier Kurzgeschichten 62
Lehrerhinweise zu Sequenz 2 68

Sequenz 3 — Produktions- und handlungsorientiertes Lernen

Sequenz 3: Hinweise zu produktions- und handlungsorientierten Verfahren 73
Kreatives Arbeiten: Arbeitsaufträge 74
Kreatives Arbeiten: Texte 77
Kreatives Arbeiten: Bewertungsvorlage 81

Kreatives Arbeiten: Analyse 82

Kreatives Arbeiten: Protokollblatt 83

Lehrerhinweise zu Sequenz 3 84

Sequenz 4 Lernen durch Lehren

Sequenz 4: Hinweise zur Methode „Lernen durch Lehren" 88

Schülerunterricht: Arbeitsaufträge 89

Schülerunterricht: Texte 1–3 90

Schülerunterricht: Information 1–3 94

Lehrerhinweise zu Sequenz 4 97

Anhang

Optionale Arbeitsaufträge 101

Anmerkungen zu den Klausuren 102

Klausur 1 105

Klausur 2 108

Reflexion der Lernerfahrung 109

Auswertung der Portfoliomappe: Rückmeldebogen 4 110

Vorbemerkungen

Fragt man Gesellschaftswissenschaftler nach einer grundlegenden Tendenz der Entwicklung unserer Gesellschaft in den vergangenen Jahrzehnten, so steht der Begriff der Individualisierung sicherlich im Mittelpunkt der Analyse. An die Stelle fester sozialer Gruppen mit relativ einheitlichen Werten und Normen sind mehr und mehr verschiedene soziale Netzwerke getreten, in denen sich das Individuum als solches definieren, orientieren, platzieren und behaupten muss. Das bringt auf der einen Seite ein hohes Maß an persönlicher Lebensverantwortung mit sich, an Möglichkeiten der Selbsterfahrung und -entfaltung. Auf der anderen Seite steht aber die Gefahr der Vereinzelung, der Orientierungslosigkeit, der sozialen Überforderung.

Auf der Theorieebene hat der pädagogische Diskurs längst reagiert. Begriffe wie Heterogenität, Binnendifferenzierung, selbstgesteuertes Lernen, Individualisierung von Lernprozessen sind wahrlich nicht neu, gehörten sie doch schon zum Begriffskanon der Reformpädagogik (spätestens) der 70er-Jahre.

Aber die Inhalte dieses Diskurses finden noch nicht genügend Eingang in die tägliche Schul- und Unterrichtspraxis. Immer noch ist das deutsche Bildungssystem im Allgemeinen und die Organisation des Unterrichts im Speziellen an der Homogenisierung von Lerngruppen orientiert, um so Lernergebnisse zu optimieren. Ob Selektion nach vier Schuljahren, ob zentrale Leistungstests mit normierten Aufgabenstellungen, ob Wiederholung eines gesamten Jahrgangs bei partiellen Defiziten, ob äußere Differenzierung selbst an Gesamtschulen in Grund- und Erweiterungskurse, all das sind wahrlich keine Anzeichen dafür, dass man die gesellschaftliche Entwicklung hin zur Individualisierung ernst nimmt und in den Bildungsauftrag einbezieht.

Dabei hat doch gerade PISA gezeigt, dass in Deutschland der Zusammenhang zwischen sozialer Herkunft und Schulerfolg viel zu eng ist, was zeigt, dass der Versuch der Homogenisierung nicht nur ohne Bildungserfolg bleibt, sondern auch noch gesellschaftlich kontraproduktiv und für einen Großteil der Schüler und Schülerinnen ‚karrierehinderlich' ist. Dem Schüler wird die Möglichkeit genommen, sich in der Schule in heterogenen Gruppen als Individuum zu erfahren, sich auszuprobieren und sich gleichzeitig als gruppen- und teamfähig zu zeigen und so gesellschaftliche Werte wie Ich-Stärke, Durchsetzungskraft und gleichzeitig Solidarität und Zusammenhalt zu erlernen.

Ziel eines Unterrichts, der der gesellschaftlichen Entwicklung einer Individualisierung Rechnung trägt, kann nur ein Unterricht sein, der die Selbst- und Sozialkompetenz der Schüler und Schülerinnen fördert, der Heterogenität der Lerngruppe nicht als Erschwernis definiert, sondern als Chance wahrnimmt und reflektiert. Alle Untersuchungen an heterogenen Lerngruppen haben gezeigt, dass leistungsschwächere Schüler von heterogen zusammengesetzten Lerngruppen profitieren und dass leistungsstärkere Schüler nicht unterfordert sind, sie also nicht schlechter abschneiden als in vermeintlich homogenen Lerngruppen.

Doch nur der Verzicht auf die Homogenisierung von Lerngruppen reicht nicht aus. Diese stellt zwar eine Voraussetzung, aber noch keine Verbesserung des Unterrichts dar. Mindestens genauso entscheidend ist die Art und Weise, wie die Lehr- und Lernprozesse gestaltet sind. Seit Ende der 80er-Jahre hat der konstruktivistische Ansatz hier auf grundlegende Erkenntnisse hingewiesen. Von diesem Ansatz ausgehend stellt sich der Lernprozess als ein aktiver, selbstgesteuerter, situativer und sozialer Prozess dar. Lernen hat demnach mehr mit einem individuellen, subjektiven Vorgang und weniger mit der Adaption vorgelegten „Wissens" zu tun.

Heterogene Lerngruppen brauchen einen auf sie zugeschnittenen Unterricht, einen Unterricht, der Binnendifferenzierung ermöglicht und selbstgesteuertes Lernen fördert. In solchen Lernprozessen muss der/die Lehrende eine veränderte Rolle einnehmen. Er muss Lernprozesse organisieren, moderieren und reflektieren, individuelle Kompetenzen und fachliche Vorgaben in ein sinnvolles Zusammenspiel bringen und eine schülerorientierte Leistungsbewertung ermöglichen. Hierzu ist eine differenzierte Reihenplanung und die gezielte Auswahl des Lernmaterials notwendig.

Einführung in die Arbeit mit dem Portfolio und selbstgesteuertes Lernen

Die Reihe „Kurzgeschichten" will in verschiedene Methoden und Ansätze des selbstgesteuerten Lernens einführen. Alle Ansätze dieser Methode haben das Ziel, Schüler und Schülerinnen durch Arbeitsaufträge in längere Lerneinheiten zu entlassen, ihnen in Einzel-, Partner- und Gruppenarbeit einen Freiraum für eigene Lernentscheidungen zu geben, sie zeitlich unabhängiger und von der Lehrperson losgelöster arbeiten zu lassen. Jede Sequenz in dieser Reihe stellt eine Methode des selbstgesteuerten Unterrichts in den Mittelpunkt. Vor jeder Sequenz wird dieser Ansatz kurz erläutert. Durchgehend für die gesamte Reihe wird das Konzept der Portfolioarbeit empfohlen. Gleich, welche Sequenzen Sie wie ausführlich für Ihren Unterricht einsetzen und kombinieren, die Schüler und Schülerinnen sollten auf alle Fälle ein Portfolio anlegen. Was jeweils Eingang in das Portfolio finden soll, steht auf jedem Arbeitsblatt.

Unter einem **Portfolio** verstehen wir hier eine systematische Sammlung von Arbeitsergebnissen, die die individuellen Bemühungen und Leistungen eines Schülers/einer Schülerin darstellen und reflektieren. Im **Portfolioprozess** erhält der/die Lernende die Möglichkeit, aber auch die Verantwortung, an der Entwicklung von Fragestellungen, an der Auswahl der Inhalte sowie an der Entwicklung seines/ihres Lernprozesses teilzuhaben. In dieser Form eingesetzt fördert **Portfolioarbeit** die Selbststeuerung und Eigenverantwortung der SchülerInnen. Portfolioarbeit basiert auf einer Vorstellung von Lernen als einem aktiven Konstruktionsprozess des Lernenden. Das Portfolio dokumentiert den Lernprozess und die obligatorischen und optionalen Lernergebnisse eines jeden Schülers und jeder Schülerin. Durch die Einbindung der Lernreflexion wird es zu einem Instrument, mit dem der/die Lernende die eigenen Lernprozesse und Lernergebnisse nachvollziehen und weiterentwickeln kann.

Das Portfolio dient der Lehrperson nach Absprache der Kriterien als Grundlage für die Leistungsbewertung, wobei auch die Art der Gestaltung in die Beurteilung mit einfließen soll.

Fünf Aspekte der Portfolioarbeit, die, im Sinne des selbstgesteuerten Lernens, den Lernenden dabei unterstützen, einen eigenen (Lern-)Weg zwischen individuellen und institutionalisierten Lernansprüchen zu finden:

1. Eigene Fragestellungen und Schwerpunkte entwickeln
Bei einigen Aufgabenstellungen sind die SchülerInnen aufgefordert, eigene Fragestellungen an den Text zu entwickeln und eigene Schwerpunkte für die Bearbeitung einer Aufgabe zu setzen. Hinzu kommen optionale Arbeitsaufträge, sodass die SchülerInnen selbst entscheiden können, ob sie zusätzliche Arbeit investieren wollen oder nicht.

2. Eigene Lernentscheidungen treffen
Viele Gruppenarbeitsphasen erfordern Entscheidungen darüber, wer für welchen Aufgabenteil verantwortlich ist. Darüber hinaus treffen die Lernenden individuelle Entscheidungen über alternative und/oder optionale Themenstellungen.

3. Lernergebnisse präsentieren
Der Präsentation der Ergebnisse wird große Bedeutung beigemessen. Im Hinblick auf die Präsentationsformen ist ein angemessener Wechsel zwischen Vorgabe und Selbstentscheidung der Lernenden vorgesehen. Gleichzeitig ist es wichtig zu klären, welchen Raum die Lehrperson für mögliche ‚lehrerzentriertere' Zusammenfassungen, Korrekturen und Bestärkungen braucht.

4. Lernentscheidungen und -ergebnisse begründen
Die SchülerInnen sind vielfach aufgefordert, Arbeitsergebnisse von MitschülerInnen mittels Rückmeldebögen auszuwerten und sinnvoll begründet zu kommentieren. Nach dem Feedback kann eine Überarbeitung des Textes durch den Autor stattfinden. Dies initiiert einen differenzierten und prozessorientierten Umgang mit dem eigenen Lernen.

5. Lernprozesse reflektieren
Wir schlagen vor, den SchülerInnen am Ende jeder Sequenz die Möglichkeit zu geben, ihren Lernprozess zu reflektieren. (Reflexionsbogen siehe Anhang, S. 109)

Dort sind sie aufgefordert, sich das in dieser Phase Gelernte vor Augen zu führen; sie sollen ein Gefühl dafür entwickeln, womit sie sich beschäftigt haben und worin ein Lernfortschritt besteht. Sie sollen durch die Regelmäßigkeit dieses Lernfortschrittes in die Lage versetzt werden, Verknüpfungen herzustellen, Zusammenhänge zu entwickeln und ihren Lernzuwachs als prozesshaft und aufeinander aufbauend zu erfahren. Hierbei sollte Folgendes beachtet werden:

- keine Bewertung durch die Lehrperson
- Austausch mit Lernpartner/in oder Kleingruppe eigener Wahl (ca. 20 Min.)
- kein Pflichtbestandteil des Portfolios

Anmerkungen zur Auswertung der Portfolios

Die aktuellen Schwerpunkte der Schul- und Unterrichtsentwicklung machen deutlich, dass es darum geht, eine neue Lernkultur zu entwickeln, die in der Lage ist, mit einem weiter gefassten Lern- und Leistungsbegriff umzugehen, der neben den sachlich-inhaltlichen Aspekten vor allem auch soziale und persönliche Aspekte des Lernens stärker berücksichtigt. Die Frage nach zugrunde liegenden Haltungen und Konzepten sowie die Frage nach sinnvollen Instrumenten müssen dabei Hand in Hand gehen.
In diesem Zusammenhang kann die Portfolioarbeit einen wichtigen Beitrag leisten.

Die folgenden Aspekte geben eine knappe Orientierung, was bei der **Leistungsbeurteilung und Prozessreflexion in Verbindung mit dem Portfolio** zu beachten ist:

Pflicht und Kür (individuelle Herausforderung)
Die/der Unterrichtende muss eine klare Orientierung über die Definition der Pflichtaufgaben und der freiwilligen/zusätzlichen Aufgaben geben.

Wahlmöglichkeit
Auch innerhalb der Pflichtaufgaben sollte es Wahlaufgaben geben, die unterschiedliche Kompetenzbereiche und Begabungen berücksichtigen.

Prozessreflexion
Die Reflexion des eigenen Lernprozesses sollte unbedingt eingeübt und zur Selbstverständlichkeit des eigenverantwortlichen Lernens werden.

Leistungsbewertung: Beteiligung und Transparenz
Der Schwerpunkt sollte auf schülerorientierten Formen der Leistungsbewertung liegen.
Bereiche und Kriterien, die in die Leistungsbewertung eingehen, müssen transparent gemacht werden (gemeinsames Entwickeln/gemeinsame Absprache).

Individuelle Schwerpunkte für die Bewertung könnten dabei vereinbart werden.
Die Selbstreflexion des Lernprozesses und der Lernergebnisse, das Feedback durch MitschülerInnen und Rückmeldungen der Lehrperson sollten sich immer wieder ergänzen.

Auswertung der Portfoliomappen
Vor dem Präsentationstermin erhalten die SchülerInnen den Rückmeldebogen 4 (S. 110), um die Bewertungskriterien zu kennen und ihre Mappe dementsprechend überprüfen zu können. Für Präsentation und Rückmeldung schlagen wir folgenden Ablauf vor:

1. **Ausstellungsgang**: Die Schüler/innen geben und nehmen Einblick in die Arbeitsergebnisse ihrer Mitschüler/innen.

2. **Partnerfeedback**: Jeweils zwei Schüler/innen tauschen ihre Portfoliomappen aus und erhalten ausreichend Zeit (evtl. Hausaufgabe), eine Rückmeldung zu formulieren (s. Rückmeldebogen). Die Ergebnisse werden ausgetauscht.

3. **Selbstreflexion**: Eintrag in der dafür vorgesehenen Spalte auf dem Rückmeldebogen.

4. **Kursleitung**: Die Lehrperson sammelt alle Portfoliomappen mit den ausgefüllten Rückmeldebögen ein und gibt in der dafür vorgesehenen Spalte Rückmeldung.

Reihenplanung: Kurzgeschichten

Die hier vorgestellte Reihe ist als Einführung in unterschiedliche Methoden eines offenen, selbstgesteuerten Unterrichts gedacht. Sie soll an der Schnittstelle von Sekundarstufe I und II zweierlei leisten: Zum einen soll sie für die Lerneinheit ‚Kurzgeschichte' die vielleicht bereits in den unteren Jahrgängen eingeübten Methoden des selbstgesteuerten Lernens aufgreifen und fortsetzen, zum anderen, wenn dies nicht vorauszusetzen ist, in eben diese verschiedenen Formen dieses Unterrichtens einführen, um damit eine Basis für offenere Lernarrangements in der Sekundarstufe II zu schaffen. Die Reihe ist daher so angelegt, dass sie der Lehrperson ein hohes Maß an Flexibilität eigener Gestaltungsmöglichkeit lässt, je nach Kenntnis- und Lernstand der Gruppe. In den Hinweisen für die Lehrperson finden sich jeweils Anmerkungen über mögliche Variationen, je nach Jahrgang und Methode. Die Reihe ist in einzelne Sequenzen unterteilt, die jeweils eine spezifische Methode des offenen, selbstgesteuerten Unterrichts in den Mittelpunkt rücken.

Die Reihe ist so aufgebaut, dass sie sowohl in den Jahrgängen 8, 9 oder 10 der Sekundarstufe I einsetzbar ist wie auch im 11. Jahrgang der Sekundarstufe II (je nach Schulform). Es handelt sich hier um unterschiedliche Formen eines offenen Unterrichts, der den Schülerinnen und Schülern in unterschiedlichen Phasen des Lernprozesses Wahlmöglichkeiten einräumt, zeitliche Variabilität zulässt, den SchülerInnen immer wieder Gelegenheit gibt, eigene Lernentscheidungen zu treffen, den eigenen Lernprozess zu reflektieren und zu evaluieren. Hierzu werden unterschiedliche Formen des Feedbacks, der Textüberarbeitung und der Erarbeitung von Bewertungskriterien eingeübt und die SchülerInnen werden in den Prozess der Rückmeldung und Bewertung aktiv miteinbezogen.

Die einzelnen Sequenzen können miteinander kombiniert, gegeneinander ausgetauscht oder verkürzt werden. Es sollte aber berücksichtig werden, dass in der Sequenz 1 die Grundlagen für die Textanalyse im Allgemeinen und für die Analyse von Kurzprosa im Besonderen gelegt werden, wobei aber nicht die gesamte Sequenz erarbeitet werden muss.

Konkrete Hinweise zu den einzelnen Methoden stehen vor der jeweiligen Sequenz.

Die **erste Sequenz** beinhaltet eine in sich geschlossene Reihe des **Stationenlernens**. Sie bildet die Grundlage für das weitere Vorgehen: Hier werden Kriterien und Merkmale einer Kurzgeschichte erarbeitet und überprüft, hier wird die Basis für die Analyse eines epischen Textes gelegt. Die Stationen 1, 2 und 7 sollten also auf jeden Fall in die Gesamtplanung integriert werden.

Die **zweite Sequenz** stellt die Methode des **kooperativen Lernens** in den Mittelpunkt. Die SchülerInnen arbeiten hier in variierenden Gruppen mit konkrete Funktion und Aufgabenverteilung innerhalb der Gruppen.

In der **dritten Sequenz** stehen Arbeitsmethoden eines **produktions- und handlungsorientierten Deutschunterrichts** im Vordergrund. Dazu zählen auch Arbeitsformen und Arbeitsaufträge, die das **szenische Interpretieren** literarischer Vorlagen zum Inhalt haben.

Die **vierte Sequenz** greift den Ansatz **Lernen durch Lehren** auf. Die SchülerInnen sollen in Gruppenarbeit Materialien didaktisieren bzw. Arbeitsaufträge entwickeln, mit denen der Lehr-/Lern-Prozess der MitschülerInnen initiiert und begleitet wird.

Für alle vier Sequenzen gilt durchgehend die Arbeit mit dem **Portfolio** als methodische Verknüpfung und zur Darstellung der Gesamtleistung.

Will man alle in diesem Band vorgestellten Unterrichtsstunden umsetzen, müsste man knapp 50 Stunden einplanen. Das ist in der Praxis nicht machbar und wäre weder im Interesse der SchülerInnen noch im Interesse der Sache. Die Lehrkraft muss also Schwerpunkte setzen, auswählen, je nach Interessenlage und Kompetenz der Schülerinnen und Schüler ihrer Klasse oder ihres Kurses die Reihe zusammensetzen.

Dabei sind für die einzelnen Sequenzen folgende **Zeiteinheiten** geplant:

Diagnose:		2 Ustd.
Stationenlernen:	alle Stationen	13–19 Ustd.
	Stationen 1, 2, 3 und 7	8–10 Ustd.
Kooperatives Lernen:	alle Aufgaben	9–12 Ustd.
	pro Aufgabe	3–4 Ustd.
Produktions- und handlungsorientiertes Lernen:		5–6 Ustd.
Lernen durch Lehren:		6–8 Ustd.

Je nach Jahrgangsstufe werden Variationen und unterschiedliche Zusammensetzungen notwendig sein, die durchschnittliche Reihe wird einen Umfang von 20 bis 30 Unterrichtsstunden haben.

Reihenübersicht

Diagnose	Material	Aktivitäten und Lernformen
	Diagnosebogen/Vorwissen Diagnosebogen/Auswertung Lösungsbogen Text: Julia Franck: Streuselschnecke	Vorwissen aktivieren Korrektur und Feedback durch MitschülerInnen
	Portfolio: *Selbstdiagnose und Korrektur*	

Sequenz 1	Material	Aktivitäten und Lernformen
Stationenlernen	Übersicht und Laufzettel	
	Station 1: Einstieg – Arbeitsblatt Text: Peter Bichsel: San Salvador	Fünf-Schritt-Lesemethode
	Station 2: Merkmale einer Kurzgeschichte – Arbeitsblatt Text: Gabriele Wohmann: Ein netter Kerl Merkmalslisten A – D	Gruppenpuzzle Präsentation von Lernplakaten
	Station 3: Sprache – Inhalt – Form – Arbeitsblatt Text: Herbert Malecha: Die Probe Lösungsblatt	Expertenbildung und Gruppenpuzzle Produktionsorientierter Schreibauftrag
	Station 4: Das Ende fehlt – Arbeitsblatt Text: Paul Maar: Der Mann, der nie zu spät kam Lösung und Vergleich	Kreativer Schreibauftrag Arbeitsteilige Gruppenarbeit
	Station 5: Kurzgeschichte schreiben – Arbeitsblatt	Präsentation eines Lernplakats
	Station 6: Perspektive – Arbeitsblatt Texte: Peter Bichsel: Die Tochter Wolf Wondratscheck: Mittagspause	Produktionsorientierter Schreibauftrag Analyse einer Kurzgeschichte
	Station 7: Analyse – Arbeitsblatt Rückmeldebogen	Rückmeldung Überarbeitung der Analyse
	Portfolio: *Text zu „San Salvador" von Peter Bichsel* *Merkmale einer Kurzgeschichte und Beleg an „Ein netter Kerl" von Gabriele Wohmann* *Ergebnisblatt zu „Sprache, Inhalt, Form" einer Kurzgeschichte* *Eigenes Ende der Kurzgeschichte von Paul Maar* *Optional: Brief zu der Geschichte „Gib's auf"* *Eigene Kurzgeschichte* *Deutungshypothesen, sprachliche Besonderheiten und Fragen zu den Texten „Mittagspause" und „Die Tochter"* *Analyse einer der Geschichten mit Rückmeldebogen* *Optional: Analyse einer Kurzgeschichte eines Mitschülers/einer Mitschülerin*	

Sequenz 2	Material	Aktivitäten und Lernformen
Kooperatives Lernen	**Aufgabe 1:** Charakterisierung – Arbeitsblatt Rückmeldebogen Text: Wolfgang Borchert: Das Brot	Partnerfeedback Präsentation eines Lernplakats
	Aufgabe 2: Theorie der Kurzgeschichte – Arbeitsblatt Texte zur Theorie der Kurzgeschichte	Placemat Präsentation eines Lernplakats
	Aufgabe 3: Vergleich – Arbeitsblatt Texte: Peter Stamm. Am Eisweiher Sylvia Plath: Ein Tag im Juni	Expertenbildung und Gruppenpuzzle

> **Portfolio:**
> *Endfassung der Charakterisierung und Rückmeldebogen*
> *Sechs zentrale Aussagen zur Theorie der Kurzgeschichte*
> *Fragen und Antworten zu den Kurzgeschichten „Am Eisweiher" und „Ein Tag im Juni"*

Sequenz 3	Material	Aktivitäten und Lernformen
Produktions- und handlungsorientiertes Lernen	**Kreatives Arbeiten:** Arbeitsaufträge **Texte:** Ilse Aichinger: Das Fenster-Theater Malin Schwerdtfeger: Mein erster Achttausender Kreatives Arbeiten: Analyse 1 und 2 Kreatives Arbeiten: Bewertungsgrundlage	Fotoroman entwickeln Kurzfilm drehen Collage erstellen Standbilder Bühnenbild entwerfen Dialoge entwickeln Inneren Monolog schreiben Brief aus anderer Perspektive schreiben Vor- und Nachgeschichte entwickeln

> **Portfolio:**
> *Fotoroman oder Drehbuch oder Foto von Collage*
> *oder*
> *Fotos und Erklärungen der Standbilder oder Erläuterungen zu einem Bühnenbild oder Dialog*
> *oder*
> *Innerer Monolog oder Brief oder Vorher/Nachher einer Kurzgeschichte*
> ***(Zwei dieser Arbeiten aus zwei unterschiedlichen Kategorien)***

Sequenz 4	Material	Aktivitäten und Lernformen
Lernen durch Lehren	**Schülerunterricht:** Arbeitsblatt Text 1: Hans Helmut Fritz: Augenblicke Infoblatt zu Text 1 Text 2: Botho Strauß: Mikado Infoblatt zu Text 2 Text 3: Wolf Wondratscheck: Es ist nicht leicht, der Sohn seiner Eltern zu bleiben Infoblatt zu Text 3	Arbeitsteilige Gruppenarbeit Material aufarbeiten und didaktisieren Entwickeln, Durchführen und Begleiten von Lerneinheiten Präsentieren von selbst entwickeltem Unterrichtsmaterial

> **Portfolio:**
> *Skizzierung eines kreativen Unterrichtseinstiegs*
> *oder*
> *zentrale Fragestellungen an einen Text*
> *oder*
> *Erarbeitung eines Sachtextes*
> ***(Individuelle Arbeiten wie auch die Ergebnisse der Gruppenarbeit)***

Optionale Arbeitsaufträge
Klausur
Reflexion der Lernerfahrung
Auswertung der Portfoliomappe/Rückmeldebogen

Hinweise zum Diagnosebogen

Die Schüler und Schülerinnen werden zu Beginn der Reihe aufgefordert, einen Diagnosebogen zu bearbeiten. Dieser soll Lernenden und Lehrenden Aufschluss über den individuellen Lernstand im Lernbereich „Umgang mit epischen Texten" geben.

Der Diagnosebogen ist nach dem Prinzip des kumulativen Lernens aufgebaut. Das heißt, dass die verschiedenen Kompetenzen, die die SchülerInnen im Umgang mit epischen Texten in den unterschiedlichen Jahrgängen erworben haben (sollen), einzeln abgefragt werden. Damit soll die Möglichkeit geschaffen werden, die SchülerInnen konkret auf Stärken und Defizite aufmerksam zu machen, um dann gezielt Förderempfehlungen geben zu können.

Kompetenzen werden im Lernprozess nie isoliert und losgelöst von anderen Kompetenzen erworben. Sie bilden ein Netz, sie sind miteinander verflochten und dieser sich aufbauende Charakter von Kompetenzen soll und muss den SchülerInnen vermittelt und nachvollziehbar gemacht werden. Für die Analyse einer Kurzgeschichte im Jahrgang 9 braucht der Schüler/die Schülerin Kompetenzen, die er/sie sich zum Beispiel im Jahrgang 5 angeeignet hat (oder auch nicht). Das Wissen um diesen kumulativen Aufbau von Lernen entlastet die Lehrperson davon, bei einer neuen Unterrichtsreihe ständig ‚bei Null anzufangen'. Den SchülerInnen soll mit einem gezielten ‚Kompetenzcheck' zu Beginn der Reihe vermittelt werden, in welchem Bereich bereits Kompetenzen erworben wurden und wo Defizite gezielt aufgearbeitet werden müssen.

Bezugnehmend auf die Kernlehrpläne Deutsch des Landes Nordrhein-Westfalen für die Sekundarstufe I lässt sich für den Bereich „Analyse epischer Texte" der kumulative Aufbau[1] der zu vermittelnden Kompetenzen wie folgt darstellen:

Jhrg.	Inhalt/ Thema	Jeweils <u>neu</u> hinzukommende Kompetenzen im Bereich Epik
5	Märchen	Schriftliches Erzählen, Struktur eines Textes: Einleitung – Hauptteil – Schluss
6	Jugendbuch	+ Personenkonstellation Perspektive des Erzählens
7	Jugendbuch	+ Entwicklung und Konkretisierung der Handlung – Konfliktsituation klären – Charakterisierung – Handlungsmotive klären
8	Novelle	+ Aktionen und Motive literarischer Figuren vor dem Hintergrund der Geschichtlichkeit von Literatur – historischer Kontext
9	Komplexere Erzähltexte, Kurzgeschichten, Erzählungen	+ Kompositionsstruktur des Textes Epische Gestaltungsmittel Erzählweise – Erzählstruktur – sprachliche Besonderheiten
10	Erzähltexte, Satiren, parabolische Texte	+ Raum-, Zeit- und Handlungsstruktur Dialoge, Kommunikationsmuster Verfremdungsmöglichkeiten

---

[1] Vgl. hierzu: Landesinstitut für Schule (NRW), Standardorientierte Unterrichtsentwicklung, Modul 1: Umgang mit den Kernlehrplänen Deutsch, Teil 3: Zusammenhänge beim kumulativen Lernen, Soest 2005.

Der hier vorgelegte Diagnosebogen legt diesen Aufbau zugrunde und thematisiert mit den einzelnen Aufgaben ‚kumulativ' die einzelnen Kompetenzen.

Mittels der **Aufgaben 1 und 2** soll geprüft werden, ob der Schüler/die Schülerin in der Lage ist, den Text in seinem Aufbau zu erkennen und ihn inhaltlich zu gliedern.
Die **Aufgaben 3 und 4** klären die Perspektive des Erzählens und die Konstellation der beteiligten Figuren.
Die **Aufgaben 5, 6 und 7** beinhalten die Fähigkeit der Klärung der Handlungsmotive und der damit verbundenen Konfliktsituation sowie Hinweise für eine Charakterisierung der Figuren.
Aufgabe 8 und 9 dienen dazu, den SchülerInnen den historischen Bezug eines Textes nahezulegen und weitere Handlungsmotive der Figuren zu deuten.
Aufgabe 10 und 11 thematisieren die für eine Kurzgeschichte typischen Gestaltungsmittel und Besonderheiten der Komposition der Erzählung.
Die **Aufgaben 12 und 13** stellen die Erzählweise und die Fähigkeit, eine erste Deutungshypothese zu formulieren, in den Mittelpunkt; **Aufgabe 13** soll eine Plattform bieten, eigene Sichtweisen, Fragestellungen und Irritationen zu äußern.

Je nachdem, in welchem Jahrgang Sie diese Reihe durchführen, stellt sich die Frage, welche Kompetenzen Sie voraussetzen können und welche erst innerhalb der Reihe zu erwerben sind. Spätestens ab Aufgabe 10 sind Kompetenzen angesprochen, die Teil der Reihe sind und eher nicht vorausgesetzt werden können. Für den Jahrgang 11 allerdings sollte man davon ausgehen können, dass den SchülerInnen alle in den Aufgaben abgefragten Kompetenzen mehr oder weniger präsent sind.

Wenn die SchülerInnen den Diagnosebogen bearbeitet haben, sollten sie den Auswertungsbogen erhalten. Hier sollen die SchülerInnen noch einmal ihre Antworten reflektieren und darauf eingehen, ob ihnen die Bearbeitung der jeweiligen Aufgabe Schwierigkeiten bereitet hat oder nicht. Hier können sie auch Kommentare zu den Aufgaben abgeben. Dann tauschen die SchülerInnen ihren Diagnosebogen und den Auswertungsbogen mit einem Mitschüler aus und geben anhand des Lösungsbogens Rückmeldung an den/die Partner/in. Nach einem Austausch der Paare sammelt dann die Lehrperson alle Materialien ein und gibt ihrerseits eine kurze Rückmeldung, vor allem darüber, wo Nacharbeitsbedarf besteht.

Diagnosebogen

Vorwissen (1)

Name: ....

Es geht zu Beginn der Reihe darum, dass du für dich selbst erfährst, was du im Umgang mit Geschichten und Erzählungen (epischen Texten) schon kannst. Aber auch, ob du bestimmte Teilgebiete noch einmal überarbeiten solltest. Dein Lehrer/deine Lehrerin, der/die deine Antworten nicht benoten wird, kann dir aber hilfreiche Tipps geben. Also: Bearbeite die folgenden Fragen ehrlich und ausführlich, damit du erfährst, was du beherrschst und was du wiederholen solltest.

Analyse epischer Texte

Julia Franck: Streuselschnecke

1. Der Text lässt sich in zwei große inhaltliche Abschnitte einteilen. Wie könnten die Überschriften der beiden Teile heißen? Wenn du dich für zwei entschieden hast, gib die Zeilen an, von wo bis wo sie zu finden sind.

    a. Eigene Jobs von Z. _____ bis Z: _____
    b. Krankheit und Tod von Z. _____ bis Z: _____
    c. Das Leben in Berlin von Z. _____ bis Z: _____
    d. Auszug von zu Hause von Z. _____ bis Z: _____
    e. Das Kennenlernen des Mannes von Z. _____ bis Z: _____

2. Wie ist der Text gegliedert? Scheibe die Ziffern 1–5 in die passenden Kästchen.

    ☐ Besuche im Krankenhaus ☐ Die Beerdigung
    ☐ Die Streuselschnecken ☐ Besuch bei der Arbeit
    ☐ Der Anruf

3. Aus welcher Perspektive ist die Geschichte geschrieben?

    Aus der Perspektive ...
    ☐ einer berufstätigen Frau ☐ eines jungen Mädchens
    ☐ eines kranken Mannes ☐ verschiedener Jugendlicher aus Berlin
    ☐ einer beunruhigten Mutter

4. Welches Verhältnis steht im Mittelpunkt der Geschichte?

    Das Verhältnis der Ich-Erzählerin zu ...
    ☐ ihren Freunden ☐ ihren Schwestern
    ☐ ihrem Vater ☐ ihrer Mutter

Diagnosebogen

Vorwissen (2)

5. Was ist an dem Verhältnis der Tochter zu ihrem Vater besonders? Gib eine kurze Erklärung.

   _____

   _____

   _____

6. Wie wirkt der Mann auf das Mädchen? Wenn eine Charakterisierung zutrifft, in welcher Zeile siehst du das?

   ☐ unangenehm   Z. ____   ☐ angeberisch   Z. ____
   ☐ nicht unsympathisch Z. ____   ☐ künstlerisch   Z. ____
   ☐ schüchtern   Z. ____   ☐ vergesslich   Z. ____

7. Wie wirkt das Mädchen auf dich? Nenne drei Adjektive, die deiner Meinung das Mädchen gut beschreiben würden, und begründe deine Auswahl kurz am Text, gib die Zeile/n an, in denen du das siehst.

   _____

   _____

   _____

8. Was vermutest du, in welcher Zeit spielt die Geschichte? Ist es eher eine Geschichte aus der heutigen Zeit oder handelt es sich um eine eher alte Geschichte? Begründe deine Entscheidung in Stichworten.

   _____

   _____

   _____

9. Was denkst du über das Verhalten der Mutter?

   _____

   _____

Diagnosebogen

Vorwissen (3)

10. Dass es sich bei dem „fremden Mann" um den Vater des Mädchens handelt, erfahren wir erst ganz zum Schluss der Geschichte. Warum, glaubst du, hat die Autorin Julia Franck das so geschrieben? Gib eine kurze Begründung.

   _____
   _____
   _____

11. Welche Merkmale treffen auf die Geschichte zu? Kreuze an!

   ☐ Alltagssprache
   ☐ ausführliche Einleitung
   ☐ offenes Ende
   ☐ viele Dialoge
   ☐ genaue Beschreibung der Umgebung

12. Stelle dir vor, du müsstest jemandem, der die Geschichte nicht kennt, in höchstens zwei Sätzen mitteilen, worum es geht. Vervollständige den folgenden Satz:

   In der Kurzgeschichte „Streuselschnecke" von Julia Franck geht es um ...

   _____
   _____
   _____

13. Die Geschichte wird von dem Mädchen in der Ich-Erzählweise wiedergegeben. Schreibe auf einem Blatt die Zeilen 1 bis 6 (... eher Unbehagen) in eine ‚sie-Form' um. Vergleiche beide Fassungen, notiere stichwortartig, was dir an Unterschieden auffällt.

   _____
   _____

14. Was hat dich an der Geschichte verwundert, überrascht? Was hat dich irritiert, was hat dich zum Nachdenken gebracht? Was willst du zu der Geschichte noch loswerden? Schreib's auf:

   _____
   _____
   _____

Julia Franck: Streuselschnecke

Der Anruf kam, als ich vierzehn war. Ich wohnte seit einem Jahr nicht mehr bei meiner Mutter und meinen Schwestern, sondern bei Freunden in Berlin. Eine fremde Stimme meldete sich, der Mann nannte seinen Namen, sagte mir, er lebe in Berlin, und fragte, ob ich ihn kennenlernen wolle. Ich zögerte, ich war mir nicht sicher. Zwar hatte ich schon viel über solche Treffen gehört und mir oft vorgestellt, wie so etwas wäre, aber als es so weit war, empfand ich eher Unbehagen. Wir verabredeten uns. Er trug Jeans, Jacke und Hose. Ich hatte mich geschminkt. Er führte mich ins Café Richter am Hindemithplatz und wir gingen ins Kino, ein Film von Rohmer[1]. Unsympathisch war er nicht, eher schüchtern. Er nahm mich mit ins Restaurant und stellte mich seinen Freunden vor. Ein feines, ironisches Lächeln zog er zwischen sich und die anderen Menschen. Ich ahnte, was das Lächeln verriet. Einige Male durfte ich ihn bei seiner Arbeit besuchen. Er schrieb Drehbücher und führte Regie bei Filmen. Ich fragte mich, ob er mir Geld geben würde, wenn wir uns treffen, aber er gab mir keins, und ich traute mich nicht, danach zu fragen. Schlimm war das nicht, schließlich kannte ich ihn kaum, was sollte ich da schon verlangen. Außerdem konnte ich für mich selbst sorgen, ich ging zur Schule und putzen und arbeitete als Kindermädchen. Bald würde ich alt genug sein, um als Kellnerin zu arbeiten, und vielleicht würde ja auch eines Tages etwas Richtiges aus mir. Zwei Jahre später, der Mann und ich waren uns noch immer etwas fremd, sagte er mir, er sei krank. Er starb ein Jahr lang, ich besuchte ihn im Krankenhaus und fragte, was er sich wünsche. Er sagte mir, er habe Angst vor dem Tod und wolle es so schnell wie möglich hinter sich bringen. Er fragte mich, ob ich ihm Morphium besorgen könne. Ich dachte nach, ich hatte einige Freunde, die Drogen nahmen, aber keinen, der sich mit Morphium auskannte. Auch war ich mir nicht sicher, ob die im Krankenhaus herausfinden wollten und würden, woher es kam. Ich vergaß seine Bitte. Manchmal brachte ich ihm Blumen. Er fragte nach dem Morphium und ich fragte ihn, ob er sich Kuchen wünsche, schließlich wusste ich, wie gerne er Torte aß. Er sagte, die einfachen Dinge seien ihm jetzt die liebsten – er wolle nur Streuselschnecken, zwei Bleche voll. Sie waren noch warm, als ich sie ins Krankenhaus brachte. Er sagte, er hätte gerne mit mir gelebt, es zumindest gern versucht, er habe immer gedacht, dafür sei noch Zeit, eines Tages – aber jetzt sei es zu spät. Kurz nach meinem siebzehnten Geburtstag war er tot. Meine kleine Schwester kam nach Berlin, wir gingen gemeinsam zur Beerdigung. Meine Mutter kam nicht. Ich nehme an, sie war mit anderem beschäftigt, außerdem hatte sie meinen Vater zu wenig gekannt und nicht geliebt.

Aus: Julia Franck: Bauchlandung. Geschichten zum Anfassen. © Julia Franck 2000. Alle Rechte vorbehalten. S. Fischer Verlag GmbH, Frankfurt am Main

---

[1] Französischer Filmregisseur, geb. 1920

Kompetenzdiagnose

Diagnosebogen Auswertung (1)

Name: ....

Bevor du die Lösungen kennst, sollst du hier zuerst einmal deine Arbeit selbst einschätzen. Welche Aufgaben sind dir leicht gefallen, wo hattest du Probleme, welche hast du gar nicht verstanden, bzw. wo hattest du keine Ahnung, was du hättest machen sollen?
Trage in die Spalte deine Wahrnehmung ein und gib da, wo es geht, genauere Hinweise zu der Aufgabe.
Dann tauschst du mit einem Mitschüler/einer Mitschülerin deinen Diagnosebogen mit diesem Auswertungsbogen aus und bekommst ein Lösungsblatt. Vergleiche nun die Lösungen deines Mitschülers/deiner Mitschülerin, schreibe in die dafür vorgesehene Spalte (r) für richtig und (f) für falsch und gib einen Kommentar ab.
Setze dich dann mit dem/r jeweiligen Mitschüler/in zusammen und vergleicht und besprecht eure Ergebnisse.
Anschließend bekommt die Lehrperson alle Unterlagen zur Auswertung.

Aufg.	Eigene Einschätzung ! = kein Problem, einfach ? = musste erst überlegen, etwas schwieriger ☹ = keine Ahnung, noch nie gehört	Rückmeldung durch Mitschüler/in (r) = richtig gemacht (f) = Fehler, nicht richtig Denke an mögliche Kommentare.	Rückmeldung durch Lehrperson ! = Das solltest du unbedingt wiederholen!
1			
2			
3			
4			
5			
6			

Diagnosebogen

Auswertung (2)

Aufg.	Eigene Einschätzung ! = kein Problem, einfach ? = musste erst überlegen, etwas schwieriger ☹ = keine Ahnung, noch nie gehört	Rückmeldung durch Mitschüler/in (r) = richtig gemacht (f) = Fehler, nicht richtig Denke an mögliche Kommentare.	Rückmeldung durch Lehrperson ! = Das solltest du unbedingt wiederholen!
7			
8			
9			
10			
11			
12			
13			
14			

Diagnosebogen — Lösung (1)

Analyse epischer Texte

Text: Julia Franck: Streuselschnecke

1. Der Text lässt sich in zwei große inhaltliche Abschnitte einteilen. Wie könnten die Überschriften der beiden Teile heißen? Wenn du dich für zwei entschieden hast, gib die Zeilen an, von wo bis wo sie zu finden sind.

   a. Eigene Jobs   von Z. _____ bis Z. _____
   b. Krankheit und Tod   von Z. 56   bis Z. 50
   c. Das Leben in Berlin   von Z. _____ bis Z. _____
   d. Auszug von zu Hause   von Z. _____ bis Z. _____
   e. Das Kennenlernen des Mannes   von Z. 1   bis Z. 26

2. Wie ist der Text gegliedert? Scheibe die Ziffern 1–5 in die passenden Kästchen.

   3 Besuche im Krankenhaus   5 Die Beerdigung
   4 Die Streuselschnecken   2 Besuch bei der Arbeit
   1 Der Anruf

3. Aus welcher Perspektive ist die Geschichte geschrieben?

   Aus der Perspektive ...
   ☐ einer berufstätigen Frau   ☒ eines jungen Mädchens
   ☐ eines kranken Mannes   ☐ verschiedener Jugendlicher aus Berlin
   ☐ einer beunruhigten Mutter

4. Welches Verhältnis steht im Mittelpunkt der Geschichte?

   Das Verhältnis der Ich-Erzählerin zu ...
   ☐ ihren Freunden   ☐ ihren Schwestern
   ☒ ihrem Vater   ☐ ihrer Mutter

5. Was ist an dem Verhältnis der Tochter zu ihrem Vater besonders? Gib eine kurze Erklärung.

   kennen sich gar nicht, Tochter weiß nicht, dass Vater in Berlin wohnt, hat ihren Vater wohl noch nie gesehen – „fremde Stimme", lernt ihn Schritt für Schritt kennen – Aussehen, Arbeit, Krankheit, Vorlieben

6. Wie wirkt der Mann auf das Mädchen? Wenn eine Charakterisierung zutrifft, in welcher Zeile siehst du das?

   ☐ unangenehm   Z. ____   ☐ angeberisch   Z. ____
   ☒ nicht unsympathisch   Z. 12   ☒ künstlerisch   Z. 17
   ☒ schüchtern   Z. 13   ☐ vergesslich   Z. ____

Diagnosebogen

Lösung (2)

7. Wie wirkt das Mädchen auf dich? Nenne drei Adjektive, die deiner Meinung das Mädchen gut beschreiben würden, und begründe deine Auswahl kurz am Text, gib die Zeile/n an, in denen du das siehst.

   Möglichkeiten:
   - *frühreif*   *(wohnt schon mit 13 alleine in Berlin bei Freunden, Z. 1)*
   - *zurückhaltend*   *(empfindet Unbehagen Z. 9), fragt nicht nach Geld (Z. 20)*
   - *selbstständig*   *(geht arbeiten, sorgt für sich selbst, Z. 23/24)*
   - *aufmerksam*   *(bringt Blumen, Z. 37, Kuchen und Streuselschnecken, Z. 41/42)*
   - *liebevoll*   *(geht, im Gegensatz zur Mutter, zur Beerdigung, Z. 46/47)*

8. Was vermutest du, in welcher Zeit spielt die Geschichte? Ist es eher eine Geschichte aus der heutigen Zeit oder handelt es sich um eine eher alte Geschichte? Begründe deine Entscheidung in Stichworten.

   modern, Jetztzeit, Gegenwart
   (mögliche Hinweise: Jeans; Mädchen mit 13 von zu Hause ausgezogen; Patchwork-Familie; Telefon; einige Freunde, die Drogen nahmen)

9. Was denkst du über das Verhalten der Mutter?

   Mutter nicht liebevoll, verweigert der Tochter den Vater, dem Vater den Besuch der Beerdigung, Text sagt nichts zum Verhältnis Mutter-Tochter, was wiederum viel aussagt

10. Dass es sich bei dem „fremden Mann" um den Vater des Mädchens handelt, erfahren wir erst ganz zum Schluss der Geschichte. Warum, glaubst du, hat die Autorin Julia Franck das so geschrieben? Gib eine kurze Begründung.

    - *Spannung wird aufgebaut*
    - *Kennenlernprozess wird nachempfunden*
    - *der fremde Mann wird erst im Laufe der Zeit zum Vater*
    - *erst am Schluss hat sie, im Gegensatz zur Mutter, den Vater gekannt und geliebt*

11. Welche Merkmale treffen auf die Geschichte zu? Kreuze an!

    - [X] Alltagssprache
    - [ ] ausführliche Einleitung
    - [X] offenes Ende
    - [ ] viele Dialoge
    - [ ] genaue Beschreibung der Umgebung

12. Stelle dir vor, du müsstest jemandem, der die Geschichte nicht kennt, in höchstens zwei Sätzen mitteilen, worum es geht. Vervollständige den folgenden Satz:

    In der Kurzgeschichte „Streuselschnecke" von Julia Franck geht es um ...

    ... ein vierzehnjähriges Mädchen, das von ihrer Mutter und ihren Schwestern wegzieht und nach Berlin zu Freunden geht. Hier meldet sich ihr Vater bei ihr, den sie nicht kennt, dann aber besser kennen und lieben lernt, der aber krank ist und sehr bald stirbt.

Diagnosebogen

Lösung (3)

13. Die Geschichte wird von dem Mädchen in der Ich-Erzählweise wiedergegeben. Schreibe auf einem Blatt die Zeilen 1 bis 9 (... eher Unbehagen) in eine ‚sie-Form' um. Vergleiche beide Fassungen, notiere stichwortartig, was dir an Unterschieden auffällt.

    - *distanzierter*
    - *Personen bleiben ‚fremder'*
    - *Gefühle wirken neutraler*

14. Was hat dich an der Geschichte verwundert, überrascht, was hat dich irritiert, was hat dich zum Nachdenken gebracht, was willst du zu der Geschichte noch loswerden? Schreib's auf:

Sequenz 1: Hinweise zum Stationenlernen

Stationenlernen (auch Lernzirkel genannt) ist eine Form offenen Unterrichtens, die Anfang der 50er-Jahre von den Engländern Morgan und Adamson als Trainingssystem für den Leistungssport entwickelt wurde (Zirkeltraining) und dann in abgewandelter Form zunächst im Grundschulbereich Eingang fand, mittlerweile aber als Methode in allen Schulformen und Jahrgängen eingesetzt wird.

Grundidee des Stationenlernens ist es, ein Thema oder einen Sachverhalt in Teilgebiete zu untergliedern, die von den Schülern und Schülerinnen selbstständig an sogenannten Stationen bearbeitet werden.

Entscheidend dabei ist, dass den SchülerInnen zu jedem Arbeitsschwerpunkt didaktisch aufgearbeitetes Material zur Verfügung steht, das sie befähigt, in selbstständiger Auswahl und Steuerung den eigenen Lernprozess zu gestalten.

Der Begriff Lernzirkel deutet eher darauf hin, dass die Stationen in einem sachlogischen Zusammenhang stehen. Das bedeutet, dass es verschiedene Arten von Stationen geben kann: **Grundlagenstationen**, mit denen die Unterrichtseinheit eingeleitet wird und die die inhaltlichen Voraussetzungen für die nachfolgenden Einheiten bilden; **Auswahlstationen**, bei denen die SchülerInnen die Reihenfolge der Bearbeitung selbst festlegen können; **Pflicht- und Wahlstationen**, durch die unterschiedliche Lerntempi leistungsstärkerer und leistungsschwächerer Gruppen aufgefangen werden können. Ein weiteres Kriterium für Stationen ist die methodische Vielfalt. Es sollte Ziel eines Lernzirkels sein, möglichst viele Sinneskanäle anzusprechen und von dem Lernenden eine aktive, kreative, verantwortungsvolle Rolle innerhalb des Lernprozesses zu fordern.

Stationenlernen heißt auch, dass die Lehrperson eine veränderte Rolle einnimmt. Sie ist im Unterricht weniger mit der Steuerung des Lernprozesses beschäftigt, sie gibt weniger Anweisungen, Vorgaben oder Erklärungen. Dafür ist sie mehr Berater, Hilfesteller, Anreger. Gleichzeitig befähigt diese Rolle die Lehrenden in höherem Maß, durch Beobachtung Schwierigkeiten und Probleme einzelner SchülerInnen gezielt wahrzunehmen und so individuelle Fördermaßnahmen ins Gespräch zu bringen. Das geht natürlich nur dann, wenn das Material dies zulässt.

Stationenlernen ist materialintensiv: Texte, Arbeitsblätter, Begleitmaterial und Medieneinsatz müssen gleich für viele Unterrichtsstunden im Voraus geplant und bereitgestellt werden. Das ist aufwendig und zeitintensiv. Genau hier will diese Reihe Hilfestellung, Zeitersparnis und Planungsanregung geben.

Sequenz 1: Stationenlernen

Stationenlernen: Kurzgeschichte   Übersicht

In den kommenden Wochen werdet ihr die Methode des **Stationenlernens** kennenlernen. Sinn und Zweck dieser Methode ist es, dass ihr selbstständig und eigenverantwortlich arbeitet. Ihr werdet in Vierergruppen zusammenarbeiten, aber zwischendurch auch immer Einzelarbeitsaufträge erhalten. Da ihr über einen längeren Zeitraum hin eigenständig arbeitet, ist es dringend notwendig, dass ihr die abgesprochene Zeitplanung einhaltet. Achtet also in der Gruppe darauf, dass Abgabetermine eingehalten werden können. Bestimmt in eurer Gruppe jemanden zum Zeitwächter, der euch immer wieder an die Zeitvorgaben erinnert und darauf drängt, die Vorgaben einzuhalten.

Gruppenarbeit kann nur funktionieren, wenn alle Mitglieder ihren Teil dazu beitragen. An vielen Stationen ist die Gruppenarbeit so konstruiert, dass sie nur funktionieren kann und ein Ergebnis nur dann zustande kommt, wenn alle Gruppenmitglieder ihre Arbeit erbracht haben. Also bringt euren Teil mit ein. Eure Arbeitsergebnisse haltet ihr bitte fest und fügt sie eurer Portfolio-Mappe bei, so kann nicht nur das Gruppenergebnis festgehalten werden, sondern es wird auch euer individueller Anteil an der Arbeit deutlich. Die Gestaltung der Mappe fließt in die Bewertung eurer Leistung mit ein.

Die Stationen sind in drei Abschnitte eingeteilt. Die Stationen 1 und 2 bilden so etwas wie eine Basis für eure Arbeit mit Kurzgeschichten. Ihr könnt hier lediglich wählen, ob ihr mit der Station 1 oder 2 anfangt, dann müsst ihr die Ergebnisse der beiden Stationen abgeben und eventuell präsentieren.

Die Stationen 3 bis 6 sind freier konzipiert. Hier könnt ihr nicht nur die Reihenfolge frei wählen, sondern auch entscheiden, welche drei der vier Stationen ihr bearbeiten wollt. Das solltet ihr in der Gruppe festlegen. Station 3 ist allerdings Pflicht für alle Gruppen!!! Wenn ihr bis zum Abgabetermin noch genügend Zeit habt, könnt ihr natürlich auch noch die fehlende vierte Station bearbeiten, das ist aber keine Pflicht. Wenn ihr euch bei der Auswahl gar nicht einigen könnt, müsst ihr mit der Lehrperson Rücksprache halten und mit ihr eine Lösung finden.

Station 7 steht am Ende der Reihe und soll zeigen, ob ihr in der Lage seid, eure Lernergebnisse aus den Stationen 1–6 zusammenzufassen und daraus die Gesamtanalyse einer Kurzgeschichte zu verfassen. Auch hier sollt ihr die Arbeit eines Mitschülers/einer Mitschülerin lesen und eine ausführliche Rückmeldung geben.

Viel Spaß!

Stationenlernen: Kurzgeschichte — Laufzettel

P = Pflichtstation   WP = Wahlpflichtstation   HA = Hausaufgabe

Station	Zeit/ U.std.	Thema	Material	erl. Datum
1 P	1–2	Einstieg in die Analyse	– Arbeitsblatt – Text: Peter Bichsel: San Salvador	
2 P	2	Merkmale der Kurzgeschichte	– Arbeitsblatt – Text: Gabriele Wohmann: Ein netter Kerl – Merkmalslisten	
Abgabetermin für die ersten beiden Stationen: ………………………				
Wahlmöglichkeit: drei der vier Stationen				
3 P	2	Sprache, Inhalt, Form: theoretische Grundlagen einer Kurzgeschichte	– Arbeitsblatt – Textauszüge – Text: Herbert Malecha: Die Probe	
4 WP	2–3 + HA	Ende einer Kurzgeschichte schreiben	– Arbeitsblatt – Text: Paul Maar: Der Mann, der nie zu spät kam	
5 WP	2–3 + HA	eigene Kurzgeschichte schreiben Vorlage: Bilder auf Homepage	– Arbeitsblatt – Internetzugang	
6 WP	2	Vergleich zweier Kurzgeschichten Perspektivwechsel	– Arbeitsblatt – Texte: Peter Bichsel: Die Tochter; Wolf Wondratschek: Mittagspause	
Abgabetermin für drei Stationen: ………………………				
7 P	2 + HA	vollständige Analyse und Rückmeldung an Mitschüler/in	– Arbeitsblatt – Text: einer der gelesenen Texte – Rückmeldebogen 1	
Abgabetermin für Station 7: ………………………				

Sequenz 1: Stationenlernen

Station 1: Einstieg

Arbeitsblatt (1)

Vorgesehene Zeit: 2–3 Unterrichtsstunden

In dieser Station sollt ihr erste Schritte auf dem Weg hin zur Analyse einer Kurzgeschichte machen. Ihr sollt dazu in Gruppen zu vier oder fünf TeilehmerInnen die Aufgaben in Einzel- und Gruppenarbeit lösen.
Ihr werdet hier eine Methode kennenlernen, die ihr in allen weiteren Bearbeitungen von Kurzgeschichten, aber auch generell anwenden könnt, um einen Text schnell und dennoch gründlich zu verstehen: **Die Fünf-Schritt-Lesemethode.**

1. Schritt: Erste Eindrücke, Vorwissen abfragen, erste Informationen

Einzelarbeit: Lies den Text durch, ohne dir Notizen zu machen, und bearbeite die folgenden Aufträge (Stichworte genügen):

a. Welchen Eindruck hast du von der Geschichte? Was findest du interessant? Was verstehst du nicht? Was erscheint dir fremd oder komisch?

_____

_____

b. Was glaubst du, worum geht es ganz allgemein in der Geschichte? (Es können auch mehrere Antworten richtig sein.)

☐ Arbeitslosigkeit   ☐ Langeweile im Leben   ☐ Kindererziehung
☐ Politik   ☐ Lebensträume verwirklichen   ☐ Schriftsteller werden
☐ Musik   ☐ Urlaubsziele   ☐ Radioprogramme

Begründe kurz deine Entscheidung/en in Stichworten:

_____

_____

c. Was weißt du bereits über Kurzgeschichten?

_____

_____

d. Informationen für die Einleitung:
Wer hat die Kurzgeschichte geschrieben? _____

Wann wurde die Kurzgeschichte geschrieben oder veröffentlicht? _____

Station 1: Einstieg

Arbeitsblatt (2)

2. Schritt: Fragen an die Geschichte stellen

Lass dir die Geschichte noch einmal durch den Kopf gehen (du kannst den Text auch noch einmal überfliegen) und stelle dann konkrete Fragen an die Geschichte. Die Fragen können sich auf die Hauptperson, also auf Paul, beziehen; sie können sich auf Zusammenhänge beziehen, die dir nicht klar geworden sind, auf das, was du nicht verstanden hast, oder auf etwas, was du genauer wissen willst. Formuliere jetzt vier bis sechs Fragen:

1. _____

2. _____

3. _____

4. _____

5. _____

6. _____

Gruppenarbeit: *Unterbrecht hier eure Einzelarbeit. Kommt in der Vierer-Gruppe zusammen und stellt euch gegenseitig eure bisherigen Ergebnisse vor. Gebt euch gegenseitig Rückmeldung über die jeweiligen Antworten und Fragen. (Plant hierfür 15–20 Min. ein)*

3. Schritt: Text lesen, Textstellen markieren und Anmerkungen machen

Einzelarbeit: *Lies die Kurzgeschichte jetzt **gründlich und genau** durch.*

Unterstreiche mit Bleistift oder Marker
a) *Textstellen, die dir helfen, die gestellten Fragen zu beantworten.*
b) *Textstellen, die dir jetzt beim genauen Lesen besonders wichtig erscheinen.*

Schreibe an den Rand möglichst aussagekräftige Anmerkungen zu den jeweiligen Textstellen (welche Frage wird beantwortet, was findest du an der Textstelle wichtig, welche Ideen hast du, wenn du die Textstelle liest? Mache Fragezeichen, wenn du etwas nicht verstehst, Ausrufezeichen, wenn dir etwas besonders wichtig scheint).

Sequenz 1: Stationenlernen

Station 1: Einstieg

Arbeitsblatt (3)

4. Schritt: Rekapitulieren, Abstand gewinnen, eigene Formulierungen finden

Einzelarbeit: Lies dir deine Fragen, die unterstrichenen Textstellen und die Randnotizen noch einmal genau durch. Löse dich nun von der Kurzgeschichte und fertige zweierlei an:

a) eine Inhaltsangabe, bei der du im Präsens kurz das Wesentliche der Kurzgeschichte zusammenfasst.
b) Antworten zu den von dir gestellten Fragen (achte hier auf deine eigenen Formulierungen).

Gruppenarbeit: Besprecht eure Ergebnisse in der Gruppe, lest euch eure Texte gegenseitig vor, besprecht die Inhaltsangaben und die Antworten auf die gestellten Fragen. Achtet hier auch auf die Qualität der Formulierungen. Gebt Hinweise zu Stärken und Schwächen der Ergebnisse. (Plant hierfür 20–30 Min. ein.)

5. Schritt: Zusammenfassung und Rückblick

Einzelarbeit: Überarbeite nun deinen Text und schreibe eine erste zusammenfassende Analyse der Kurzgeschichte. Fange den Text folgendermaßen an:

In der Kurzgeschichte „San Salvador" von Peter Bichsel aus dem Jahre 1964 geht es um einen Mann, der ...

Schreibe nun die überarbeitete Inhaltsangabe und das Thema der Geschichte auf. Benenne und erläutere dann einige Hauptaspekte der Geschichte, die du für besonders wichtig und interessant hältst. Belege deine Vermutungen mit Textzitaten und Zeilenangaben.

Füge diesen Text deinem *Portfolio* bei.

Station 1: Einstieg

Text

Notizen

Peter Bichsel: San Salvador (1964)

Er hatte sich eine Füllfeder gekauft.

Nachdem er mehrmals seine Unterschrift, dann seine Initialen, seine Adresse, einige Wellenlinien, dann die Adresse seiner Eltern auf ein Blatt gezeichnet hatte, nahm er einen neuen Bogen, faltete ihn sorgfältig und schrieb: „Mir ist es hier zu kalt", dann „ich gehe
5 nach Südamerika", dann hielt er inne, schraubte die Kappe auf die Feder, betrachtete den Bogen und sah, wie die Tinte eintrocknete und dunkel wurde (in der Papeterie[1] garantierte man, dass sie schwarz werde), dann nahm er seine Feder erneut zur Hand und setzte noch großzügig seinen Namen Paul darunter.

Dann saß er da.

10 Später räumte er die Zeitungen vom Tisch, überflog dabei die Kinoinserate, dachte an irgend etwas, schob den Aschenbecher beiseite, zerriss den Zettel mit den Wellenlinien, entleerte seine Feder und füllte sie wieder. Für die Kinovorstellung war es jetzt zu spät.

Die Probe des Kirchenchores dauert bis neun Uhr, um halb zehn würde Hildegard zurück sein. Er wartete auf Hildegard.

15 Zu all dem Musik aus dem Radio. Jetzt drehte er das Radio ab.

Auf dem Tisch, mitten auf dem Tisch, lag nun der gefaltete Bogen, darauf stand in blauschwarzer Schrift sein Name Paul.

„Mir ist es hier zu kalt", stand auch darauf.

Nun würde also Hildegard heimkommen, um halb zehn. Es war jetzt neun Uhr. Sie läse
20 seine Mitteilung, erschräke dabei, glaubte wohl das mit Südamerika nicht, würde dennoch die Hemden im Kasten zählen, etwas müsste ja geschehen sein.

Sie würde in den „Löwen" telefonieren.

Der „Löwen" ist mittwochs geschlossen.

Sie würde lächeln und verzweifeln und sich damit abfinden, vielleicht.

25 Sie würde sich mehrmals die Haare aus dem Gesicht streichen, mit dem Ringfinger der linken Hand beidseitig der Schläfe entlang fahren, dann langsam den Mantel aufknöpfen.

Dann saß er da, überlegte, wem er einen Brief schreiben könnte, las die Gebrauchsanweisung für den Füller noch einmal – leicht nach rechts drehen – las auch den französischen
30 Text, verglich den englischen mit dem deutschen, sah wieder seinen Zettel, dachte an Palmen, dachte an Hildegard.

Saß da.

Und um halb zehn kam Hildegard und fragte: „Schlafen die Kinder?" Sie strich sich die Haare aus dem Gesicht

Aus: Peter Bichsel: Eigentlich möchte Frau Blum den Milchmann kennenlernen. 21 Geschichten.
© Suhrkamp Verlag Frankfurt am Main 1993

---

[1] Schreibwarenhandlung

Sequenz 1: Stationenlernen

Station 2: Merkmale einer Kurzgeschichte — Arbeitsblatt

Vorgesehene Zeit: 2 Unterrichtsstunden

In dieser Station lernst du erste Merkmale einer Kurzgeschichte kennen. Natürlich müssen nicht immer alle Merkmale auf jede Kurzgeschichte zutreffen und du wirst im Laufe der Reihe auch noch weitere Merkmale und Besonderheiten der Kurzgeschichte kennenlernen; aber die hier genannten sind erst einmal die wichtigsten.

Arbeitsauftrag: *Bildet aus jeweils zwei Vierergruppen eine Achtergruppe. Jeweils zwei Gruppenmitglieder entscheiden sich dann für eine der Listen A bis D.*

Einzelarbeit: *Lies dir zuerst deine Liste gut durch. Lies dann die Kurzgeschichte „Ein netter Kerl" von Gabriele Wohmann und entscheide, welche Merkmale zutreffen und welche nicht. Mach dir auf deiner Liste dazu Notizen.*

Partnerarbeit: *Gleiche mit dem Partner in deiner Gruppe, der die gleiche Liste hat, deine Ergebnisse ab und überprüft sie gemeinsam an der vorliegenden Kurzgeschichte.*

Gruppenarbeit: *Stellt eure Ergebnisse in der Gesamtgruppe vor und erstellt eine Liste mit allen gefundenen Merkmalen einer Kurzgeschichte. Übertragt eure Gruppenliste auf ein Lernplakat. Ihr müsst im Plenum erklären können, woran ihr in der Geschichte „Ein netter Kerl" die Merkmale festmachen könnt und woran zu erkennen ist, dass die von euch abgelehnten Merkmale nicht zutreffen.*

Fügt eure Ergebnisse auf einem Din-A-4-Blatt eurem *Portfolio* bei.

Station 2: Merkmale einer Kurzgeschichte — Text

Gabriele Wohmann: Ein netter Kerl (1978)

Ich habe ja so wahnsinnig gelacht, rief Nanni in einer Atempause. Genau wie du ihn beschrieben hast, entsetzlich.

Furchtbar fett für sein Alter, sagte die Mutter. Er sollte vielleicht Diät essen. Übrigens, Rita, weißt du, ob er ganz gesund ist?

Rita setzte sich gerade und hielt sich mit den Händen am Sitz fest. Sie sagt: Ach, ich glaub schon, daß er gesund ist. Genau wie du es erzählt hast, weich wie ein Molch, wie Schlamm, rief Nanni. Und auch die Hand, so weich.

Aber er hat dann doch auch wieder was Liebes, sagte Milene, doch, Rita, ich finde, er hat was Liebes, wirklich.

Na ja, sagte die Mutter, beschämt fing auch sie wieder an zu lachen; recht lieb, aber doch gräßlich komisch. Du hast nicht zu viel versprochen, Rita, wahrhaftig nicht. Jetzt lachte sie laut heraus. Auch hinten im Nacken hat er schon Wammen, wie ein alter Mann, rief Nanni. Er ist ja so fett, so weich, so weich! Sie schnaubte aus der kurzen Nase, ihr kleines Gesicht sah verquollen aus vom Lachen.

Rita hielt sich am Sitz fest. Sie drückte die Fingerkuppen fest ans Holz.

Er hat so was Insichruhendes, sagte Milene. Ich find ihn so ganz nett, Rita, wirklich, komischerweise.

Nanni stieß einen winzigen Schrei aus und warf die Hände auf den Tisch; die Messer und Gabeln auf den Tellern klirrten.

Ich auch, wirklich, ich find ihn auch nett, rief sie. Könnt ihn immer ansehn und mich ekeln. Der Vater kam zurück, schloß die Esszimmertür, brachte kühle nasse Luft mit herein. Er war ja so ängstlich, daß er seine letzte Bahn noch kriegt, sagte er. So was von ängstlich.

Er lebt mit seiner Mutter zusammen, sagte Rita.

Sie platzten alle heraus, jetzt auch Milene. Das Holz unter Ritas Fingerkuppen wurde klebrig. Sie sagte: Seine Mutter ist nicht ganz gesund, soviel ich weiß.

Das Lachen schwoll an, türmte sich vor ihr auf, wartete und stürzte sich dann herab, es spülte über sie weg und verbarg sie: lang genug für einen kleinen schwachen Frieden. Als erste brachte die Mutter es fertig, sich wieder zu fassen.

Nun aber Schluß, sagte sie, ihre Stimme zitterte, sie wischte mit einem Taschentuchklümpchen über die Augen und die Lippen. Wir können ja endlich mal von was anderem reden.

Ach, sagte Nanni, sie seufzte und rieb sich den kleinen Bauch, ach ich bin erledigt, du liebe Zeit. Wann kommt die große fette Qualle denn wieder, sag, Rita, wann denn? Sie warteten alle ab.

Er kommt von jetzt an oft, sagte Rita. Sie hielt den Kopf aufrecht.

Ich habe mich verlobt mit ihm.

Am Tisch bewegte sich keiner. Rita lachte versuchsweise und dann konnte sie es mit großer Anstrengung lauter als die anderen, und sie rief: Stellt euch das doch bloß mal vor: mit ihm verlobt! Ist das nicht zum Lachen!

Sie saßen gesittet und ernst und bewegten vorsichtig Messer und Gabeln.

He, Nanni, bist du mir denn nicht dankbar, mit der Qualle hab ich mich verlobt, stell dir das doch mal vor!

Er ist ja ein netter Kerl, sagte der Vater. Also höflich ist er, das muß man ihm lassen.

Ich könnte mir denken, sagte die Mutter ernst, daß er menschlich angenehm ist, ich meine, als Hausgenosse oder so, als Familienmitglied.

Er hat keinen üblen Eindruck auf mich gemacht, sagte der Vater.

Rita sah sie alle behutsam dasitzen, sie sah gezähmte Lippen. Die roten Flecken in den Gesichtern blieben noch eine Weile. Sie senkten die Köpfe und aßen den Nachtisch.

Aus: Gabriele Wohmann: Habgier. Erzählungen. Reinbek bei Hamburg: Rowohlt 1978, S. 68–70. Aus lizenzrechtlichen Gründen nicht in reformierter Schreibung.

Station 2: Merkmale einer Kurzgeschichte Liste A

- Zu Beginn einer Kurzgeschichte wird ausführlich in das Geschehen und in die beteiligten Personen eingeführt. Dazu gehört, dass der Leser durch genaue Informationen über die Vergangenheit der Hauptfigur unterrichtet wird.
- Die Kurzgeschichte endet oft sehr unvermittelt, der Schluss bleibt offen. Es werden keine Lösungen vorgegeben, der Konflikt, der in der Geschichte angelegt ist, erfährt kein auflösendes Ende.
- In der Kurzgeschichte gibt es keine wörtliche Rede, die komplette Handlung wird von einem Erzähler durch indirekte Wiedergabe des Inhalts berichtet.
- In der Kurzgeschichte werden möglichst viele Figuren eingeführt, um damit die Verhaltensweisen großer Gruppen oder ganzer Nationen deutlich zu machen.
- Die Handlung in einer Kurzgeschichte ist immer außergewöhnlich. Die Hauptfigur befindet sich in einer ganz ungewöhnlichen Lebenssituation, oft in einem Kampf auf Leben und Tod mit Menschen oder Tieren, die ihn töten oder ihm schaden wollen.
- Die Sprache der Kurzgeschichte ist an die Alltagssprache angelehnt Es gibt zwar rhetorische Mittel und sprachliche Besonderheiten, der Wortschatz ist aber eher alltäglich.
- Die Kurzgeschichte verfügt über einen klaren, linearen Handlungsverlauf ohne weitere Nebenhandlungen an Nebenschauplätzen. Sie konzentriert sich auf eine bestimmte Situation.
- Früher waren Kurzgeschichten immer nur in der Adelswelt angesiedelt, heute dagegen nur in der Welt politischer Entscheidungsträger, also Minister, Kanzler und Präsidenten.

- -

Station 2: Merkmale einer Kurzgeschichte Liste B

- Zu Beginn einer Kurzgeschichte werden die wichtigsten W-Fragen beantwortet. Der Leser erfährt, wo wann wer warum an der erzählten Geschichte beteiligt ist.
- Die Kurzgeschichte hat ein glückliches Ende für die Hauptperson. Der Konflikt, der es der Hauptperson unmöglich machte, unbeschwert weiterzuleben, wird aufgelöst.
- Die Handlung einer Kurzgeschichte ist der Alltagswelt entnommen. Es handelt sich um ein Ereignis, das Durchschnittsmenschen in deren Alltag jederzeit widerfahren kann.
- In der Kurzgeschichte wird nur ein kleiner Ausschnitt aus dem Leben einer oder mehrerer Personen beschrieben, oft nur eine einzige, aber entscheidende Situation, sodass ein besonders entscheidender Charakterzug deutlich wird.
- Früher waren Kurzgeschichten immer nur in der Adelswelt angesiedelt, heute dagegen nur in der Welt politischer Entscheidungsträger, also Minister, Kanzler und Präsidenten.
- Die Sprache der Kurzgeschichte ist sehr kunstvoll und setzt sich, wo es nur geht, von der Alltagssprache ab.
- In der Kurzgeschichte gibt es keine wörtliche Rede, die komplette Handlung wird von einem Erzähler durch indirekte Wiedergabe des Inhaltes berichtet.
- Die Kurzgeschichte verfügt über einen klaren, linearen Handlungsverlauf ohne weitere Nebenhandlungen an Nebenschauplätzen. Sie konzentriert sich auf eine bestimmte Situation.

Station 2: Merkmale einer Kurzgeschichte — Liste C

- Am Ende einer Kurzgeschichte wird deutlich, dass die Hauptperson eine falsche Lebensentscheidung getroffen und sich und seine Umwelt ins Unglück gestürzt hat.
- Ohne Einleitung oder Hinführung fängt die Kurzgeschichte unvermittelt an. Der Leser wird sofort in die zu erzählende Situation ‚hineingestoßen', die Personen werden nicht ausführlich vorgestellt.
- Die Kurzgeschichte erzählt das gesamte Leben einer oder mehrerer Personen, sodass der Leser einen genauen Eindruck von den Eigenschaften und Charakterzügen der Person/en erhält.
- Die Kurzgeschichte handelt von Fabelwesen und Märchenfiguren. Ihre zugrunde liegende Handlung ist in der Fantasiewelt angesiedelt.
- Die vielen Handlungen einer Kurzgeschichte ereignen sich an mehreren Orten gleichzeitig und zeigen die Vielfältigkeit des Lebens.
- Die Sprache der Kurzgeschichte ist an die Alltagssprache angelehnt. Es gibt zwar rhetorische Mittel und sprachliche Besonderheiten, der Wortschatz ist aber eher alltäglich.
- Am Ende einer Kurzgeschichte steht immer eine Moral, ein deutliches Signal dafür, was gut und was schlecht ist.
- Die Hintergründe der Handlung werden gleich zu Beginn offengelegt, d. h. es wird sehr ausführlich geschildert, wie und warum die Hauptperson in die dargestellte Situation gekommen ist.

- -

Station 2: Merkmale einer Kurzgeschichte — Liste D

- Die Kurzgeschichte endet mit einer Katastrophe für die meisten Beteiligten. Der Held/die Heldin der Geschichte stirbt, seine engsten Vertrauten geraten in schwierige persönliche Verhältnisse.
- Die Handlung einer Kurzgeschichte ist der Alltagswelt entnommen. Es handelt sich um ein Ereignis, das Durchschnittsmenschen in deren Alltag jederzeit widerfahren kann.
- Die Kurzgeschichte handelt von Fabelwesen und Märchenfiguren. Ihre zugrunde liegende Handlung ist in der Fantasiewelt angesiedelt.
- Die Sprache der Kurzgeschichte ist sehr kunstvoll und setzt sich, wo es nur geht, von der Alltagssprache ab.
- Die Kurzgeschichte verfügt über einen klaren, linearen Handlungsverlauf ohne weitere Nebenhandlungen an Nebenschauplätzen. Sie konzentriert sich auf eine bestimmte Situation.
- In der Kurzgeschichte wird nur ein kleiner Ausschnitt aus dem Leben einer oder mehrerer Personen beschrieben, oft nur eine einzige, aber entscheidende Situation, sodass ein besonders entscheidender Charakterzug deutlich wird.
- Früher waren Kurzgeschichten immer nur in der Adelswelt angesiedelt, heute dagegen nur in der Welt politischer Entscheidungsträger, also Minister, Kanzler und Präsidenten.
- In der Kurzgeschichte gibt es keine wörtliche Rede, die komplette Handlung wird von einem Erzähler durch indirekte Wiedergabe des Inhalts berichtet.

Sequenz 1: Stationenlernen

Station 3: Sprache, Inhalt, Form — Arbeitsblatt (1)

Vorgesehene Unterrichtszeit: 2–3 Std.

Arbeitsauftrag: *Ihr erhaltet hier vier unterschiedliche Texte zu verschiedenen Aspekten des Themas „Kurzgeschichte". Jedes Gruppenmitglied übernimmt einen Text, alle Texte müssen verteilt sein.*

Einzelarbeit: *Erarbeitet euren Text, indem ihr die wichtigsten Kernaussagen des Textes in eigenen Worten herausschreibt (vier bis fünf Kernaussagen pro Text). Lest dann die Kurzgeschichte „Die Probe" von Herbert Malecha und belegt die Kernaussagen an dem Text. (Zeit: ca. 30–45 Minuten)*

Gruppenarbeit: *Tragt in der Gruppe eure Ergebnisse vor. Wenn alle ihre Ergebnisse vorgetragen haben, holt euch bei der Lehrperson für jedes Gruppenmitglied ein Ergebnisblatt und übertragt die Ergebnisse.*

Fügt euer Ergebnisblatt dem *Portfolio* bei.

Text 1

Die Kurzgeschichte hat eine innere Notwendigkeit. Sie zeigt das irdische, menschliche Geschehen einem unermesslichen Weltraumgeschehen gegenüber. Die Moderne beginnt in den Jahren, in denen man die Kleinheit der Er-
5 de einzusehen begann gegenüber den unermesslichen Räumen, die die wissenschaftliche Forschung im Makrokosmos (im Weltraum) und im Mikrokosmos (im Atom) entdeckte. Die menschliche Zeit erscheint nicht mehr als die Mittelpunktzeit, die Entwicklungen innerhalb der
10 menschlichen Zeit schrumpfen zusammen ins Punktuelle, sie erscheinen nicht mehr wichtig, ja, die Wichtigkeit, die man ihnen bisher zumaß, wird desillusioniert. [...]
Aus diesem Entwicklungszusammenhang herausgenommen, erscheinen die vielen Einzelheiten nunmehr bedrängend,
15 fordernd. Die Einzelgegenstände bekommen Gewicht. Sie haben nicht mehr nur dienende Funktion in gedachten Zusammenhängen. Der Augenblick erscheint in seinem ungeheuren Ausmaß: Man erkennt das Nebeneinander verschiedenster, getrennter Ereignisse in einem
20 Augenblick, während man früher diese Ereignisse linear, von einem Anfang zu einem Ende hin, aus der Wirklichkeit herauszugliedern versuchte. [...]
Aus diesen Voraussetzungen erklärt sich die Struktur der Kurzgeschichte. Im Gegensatz zur Erzählung und zur An-
25 ekdote ist die Kurzgeschichte nicht in sich geschlossen, sondern sowohl über ihren Anfang und über ihr Ende hinaus offen. Sie gibt kein abgeschlossenes Ereignis und keine festgelegte Moral, sondern sie setzt den Leser in Bewegung, ist ein Hinweiszeichen, das ihn aus der Selbstverständlichkeit herausführt und ihn mit seiner andeutenden
30 Geste über das letzte Wort ihres letzten Satzes noch hinausweist.

Aus: Ruth Lorbe: Die deutsche Kurzgeschichte der Jahrhundertmitte (1957). In: Theorie der Kurzgeschichte, hrsg. von Hans-Christoph Graf von Nayhauss. Stuttgart: Reclam Verlag 1982, S. 63–65

Text 2

Bei der Konzentration auf das Wesentliche in einem prinzipiell unbegrenzten stofflichen Bereich haben Verdichtungstechniken eine spannungssteigernde Funktion und prägen die sprachliche Gestaltung der Kurzgeschichte unterschiedlich stark. Da sich mit der verdichtenden eine an-
5 deutende, verweisende Sprache verbindet, werden höhere Anforderungen an die Aufmerksamkeit des Lesers gestellt. Äußerlich mag die Sprache einfach und unprätentiös[1] sein, weil die Wortwahl oft alltäglich und umgangssprachlich ist, doch erreicht sie ihre hintergründige Qualität indi-
10 rekt, denn das thematisch Bedeutsamste findet sich oft auffällig in einem Nebensatz, sodass der Leser es überall erwarten muss [...].

---
[1] nicht anspruchsvoll

34

Station 3: Sprache, Inhalt, Form — Arbeitsblatt (2)

So erhalten Worte, die auf den ersten Blick banal wirken, eine sinngerichtete, andeutende, eventuell pointierende[2] Funktion; sie kalkulieren also eine bestimmte Lesererwartung mit ein. Das findet sich vielfach bei untertreibendem Stil, vor allem, wenn die stark verkürzende verdichtende dialogische Gestaltung eingesetzt wird. Einerseits ist so die Beschreibung ausgespart, da das Verhalten der Figuren aus der direkten Rede hervorgeht und sie auf diese Weise charakterisiert; andererseits trägt das zur Offenheit und Vergegenwärtigung des Dargestellten bei. [...]
Die umgangssprachliche Diktion[3] der Kurzgeschichte kann bis zum **„Telegrammstil"** verkürzt sein [...], um eine spannungssteigernde Verdichtung zu erzielen, wobei vor allem der Dialog alle Möglichkeiten grammatischer Verkürzungen einschließt und somit der Sprache einen nicht fixierten, vorläufigen, also **offenen Charakter** verleiht [...]. Nicht allein die Wortwahl wirkt umgangssprachlich und einfach, sondern auch der parataktische[4] Satzbau, zumal er die Kurzgeschichte weitgehend beherrscht, sodass von einem „Prinzip der Reihung, [...]" gesprochen werden kann [...].

Aus: Leonie Marx: Die deutsche Kurzgeschichte. 3. aktualisierte und erweiterte Auflage. S. 59. © 2005 J. B. Metzlersche Verlagsbuchhandlung und Carl Ernst Poeschel Verlag GmbH in Stuttgart

---

[2] auf den Punkt bringend
[3] Ausdrucksweise, Stil
[4] gleichrangig nebeneinander gestellt, keine hervorgehobenen Satzteile

Text 3

Hinsichtlich der in der Kurzgeschichte dargestellten Welt kann man beobachten: Eine Kurzgeschichte hebt aus dem Leben eines oder mehrerer meist durchschnittlicher Menschen (Figuren) ein Ereignis (Geschehen) heraus, das dieses Leben vor eine Entscheidung stellt, ihm eine mehr oder weniger bedeutsame Wendung zu geben vermag; es muss durchaus nicht ein sogenannter „Schicksalsbruch" sein, aber irgendein – oft unscheinbarer, unbedeutender – Konflikt ist dargestellt. Es handelt sich um ein Ereignis, dessen Dauer zwischen einem Zeitpunkt und einer kurzen Zeitspanne variieren kann (momentaner Charakter) und zu dessen räumlicher Darstellung ein bruchstückhafter Weltausschnitt genügt (fragmentarischer Charakter).

Hinsichtlich der Erzählweise kann man unterscheiden zwischen dem Verhältnis des Erzählers zum Gegenstand seiner Erzählung und seinem Verhältnis zum Leser.
Sehen wir auf den Gegenstand seiner Erzählung, so können wir feststellen: Der Erzähler einer Kurzgeschichte bevorzugt eine Darstellungsweise, die den – meist im Mittelpunkt stehenden – *Menschen* unter einem begrenzten Aspekt bzw. im Hinblick auf eine bestimmte Seite seines Charakters darstellt und indirekt, meist kommentarlos charakterisiert, indem sie ihn als Handelnden und Sprechenden vergegenwärtigt. Daraus ergibt sich eine besondere Bedeutung des Gestischen und Dialogischen in der Kurzgeschichte. Der Erzähler bevorzugt ferner ein alltägliches *Milieu*, dessen menschliche, soziale und politische Spannungen er sehr oft scheinbar unbeteiligt, d. h. ohne „moralischen Zeigefinger oder direkte Tendenz" darstellt, und zwar mehr andeutend als ausführend, eher sprunghaft als linear; [...]. Bei der Darstellung des Alltäglichen ist der Erzähler einer Kurzgeschichte nicht unbedingt an eine realistische *Perspektive* gebunden, sondern kann durch Mittel der Verfremdung bzw. Übersteigerung die Doppelbödigkeit der sogenannten Realität bewusst machen. Der Erzähler einer Kurzgeschichte wird das Geschehen, das er darstellen will, der gebotenen Kürze entsprechend beschränken, konzentrieren, indem er auf eine – auch geraffte – Totalität der Entwicklung, d. h. auf einen im Ganzen überschaubaren Prozess mit Anfang, Höhepunkt und abrundendem Schluss verzichtet.

Aus: Josef Donnenberg: Bevorzugte Gattungen I: Kurzgeschichte, Reportage, Protokoll (1973) in: Theorie der Kurzgeschichte, hrsg. von Hans-Christoph Graf von Nayhauss. Stuttgart: Reclam Verlag, 1982, S. 83–85

Text 4

Die Sprache der Kurzgeschichte kann sein, wie sie will: poetisch oder kühl berichtend oder salopp. Sie kann rhythmisiert sein oder holprig oder gehetzt, sie kann jedes Tempo wählen und jeden Grad von Gegenständlichkeit oder Ungegenständlichkeit. Doch sollte jeder Satz [...] eine neue, wichtige Aussage enthalten, die für das Ganze unentbehrlich ist. Zudem sollte jeder Satz ein durchaus eigentümliches Wortgefälle haben – eine rasche oder bedächtige Ei-

Station 3: Sprache, Inhalt, Form   Arbeitsblatt (3)

genbewegung, die das erzählerische Ziel ansteuert. Er sollte auf zwanglose, vielleicht sogar unmerkliche Weise expressiv[1] sein. [...]

Wie jedes literarische Gebilde, muss die Kurzgeschichte so etwas wie einen magischen Bildraum schaffen, der eigenständig ist und in sich stimmt. Da sie kurz ist, kann sie ans Atmosphärische, an die Charakteristik der handelnden Figuren, an die Requisiten nicht viel Zeit verschwenden. Das alles muss in knapper Raffung zustande kommen, und ein gut Teil dessen, was zu sagen ist, sollte zwischen den Zeilen stehen: unsichtbar, aber dennoch spürbar. Da ist kein Raum, Personen gemächlich von außen zu beschreiben, ehe man in ihr Wesen vordringt. Die Personen müssen sich gleichsam selbst darstellen: durch ihr Verhalten, durch kleine Gesten, durch wenig Worte oder durch ihr Schweigen. [...]

Um es noch mal zu sagen: der kleine erzählerische Raum, über den die Kurzgeschichte verfügt, muss aufs Äußerste verdichtet und homogen sein, wobei es übrigens gleich ist, ob das Atmosphärische oder das Geschehen oder der Dialog die Führung übernimmt – oder ob alles gleichermaßen zusammenwirkt. Wichtig ist nur, dass eine Art von Guckkastenbühne entsteht, die zwar klein, aber imstande ist, einen Aspekt des Lebens aufzuzeigen, der naturnahe oder stilisiert[2] sein mag: er muss nur überzeugen – wie die Wahrheit oder wie eine gute Lüge, die ja immer dicht an der Wahrheit ist.

Aus: Kurt Kusenberg: Über die Kurzgeschichte (1963), in: Theorie der Kurzgeschichte, hrsg. von Hans-Christoph Graf von Nayhauss. Stuttgart: Reclam Verlag 1982, S. 37–38

---

[1] ausdrucksstark
[2] künstlerisch verändert

Station 3: Sprache, Inhalt, Form

Text (1)

Herbert Malecha: Die Probe

Redluff sah, das schrille Quietschen der Bremsen noch in den Ohren, wie sich das Gesicht des Fahrers ärgerlich verzog. Mit zwei taumeligen Schritten war er wieder auf dem Gehweg. „Hat es Ihnen was gemacht?" Er fühlte sich am Ellbogen angefasst. Mit einer fast brüsken Bewegung machte er sich frei. „Nein, nein, schon gut. Danke", sagte er noch, beinah schon über die Schulter, als er merkte, dass ihm der Alte nachstarrte.

Eine Welle von Schwäche stieg von seinen Knien auf, wurde fast zur Übelkeit. Das hätte ihm gerade gefehlt, angefahren auf der Straße liegen, eine gaffende Menge und dann die Polizei. Er durfte jetzt nicht schwach werden, nur weiterlaufen, unauffällig weiterlaufen zwischen den vielen auf der hellen Straße. Langsam ließ das Klopfen im Halse nach. Seit drei Monaten war er zum ersten Mal wieder in der Stadt, zum ersten Mal wieder unter so vielen Menschen. Ewig konnte er in dem Loch sich ja nicht verkriechen, er musste einmal wieder raus, wieder Kontakt aufnehmen mit dem Leben, überhaupt raus aus allem. Ein Schiff musste sich finden lassen, möglichst noch, bevor es Winter wurde. Seine Hand fuhr leicht über die linke Brustseite seines Jacketts, er spürte den Pass, der in der Innentasche steckte; gute Arbeit war dieser Pass, er hatte auch nicht schlecht dafür bezahlt.

Die Autos auf der Straße waren zu einer langen Kette aufgefahren. Nur stockend schoben sie sich vorwärts. Menschen gingen an ihm vorbei, kamen ihm entgegen; er achtete darauf, dass sie ihn nicht streiften. Einem Platzregen von Gesichtern war er ausgesetzt, fahle Ovale, die sich mit dem wechselnden Reklamelicht verfärbten. Redluff strengte sich an, den Schritt der vielen anzunehmen, mitzuschwimmen in dem Strom. Stimmen, abgerissene Gesprächsfetzen schlugen an sein Ohr, jemand lachte. Für eine Sekunde haftete sein Blick an dem Gesicht einer Frau, ihr offener, bemalter Mund sah schwarz gerändert aus. Die Autos fuhren jetzt an, ihre Motoren summten auf. Eine Straßenbahn schrammte vorbei. Und wieder Menschen, Menschen, ein Strom flutender Gesichter. Sprechen und hundertfache Schritte. Redluff fuhr unwillkürlich mit der Hand an seinen Kragen. An seinem Hals merkte er, dass seine Finger kalt und schweißig waren.

Wovor hab ich denn eigentlich Angst, verdammte Einbildung, wer soll mich denn schon erkennen in dieser Menge, sagte er sich. Aber er spürte nur zu genau, dass er in ihr nicht eintauchen konnte, dass er wie ein Kork auf dem Wasser tanzte, abgestoßen und weitergetrieben. Ihn fror plötzlich. Nichts wie verdammte Einbildung, sagte er sich wieder. Vor drei Monaten war das ja noch anders, da stand sein Name schwarz auf rotem Papier auf jeder Anschlagsäule zu lesen, Jens Redluff; nur gut, dass das Foto so schlecht war. Der Name stand damals fett in den Schlagzeilen der Blätter, wurde dann klein und kleiner, auch das Fragezeichen dahinter, rutschte in die letzten Spalten und verschwand bald ganz.

Redluff war jetzt in eine Seitenstraße abgebogen, der Menschenstrom wurde dünner, noch ein paar Abbiegungen, und die Rinnsale lösten sich auf, zerfielen in einzelne Gestalten, einzelne Schritte. Hier war es dunkler. Er konnte den Kragen öffnen und die Krawatte nachlassen. Der Wind brachte einen brackigen Lufthauch vom Hafen her. Ihn fröstelte.

Ein breites Lichtband fiel quer vor ihm über die Straße, jemand kam aus dem kleinen Lokal, mit ihm ein Dunst nach Bier, Qualm und Essen. Redluff ging hinein. Die kleine, als Café aufgetakelte Kneipe war fast leer, ein paar Soldaten saßen herum, grelle Damen in ihrer Gesellschaft. Auf den kleinen Tischen standen Lämpchen mit pathetisch roten Schirmen. Ein Musikautomat begann aus der Ecke zu hämmern. Hinter der Theke lehnte ein dicker Bursche mit bloßen Armen. Er schaute nur flüchtig auf.

„Konjak, doppelt", sagte Redluff zu dem Kellner. Er merkte, dass er seinen Hut noch in der Hand hielt, und legte ihn auf den leeren Stuhl neben sich. Er steckte sich eine Zigarette an, die ersten tiefen Züge machten ihn leicht benommen. Schön warm war es hier, er streckte seine Füße lang aus. Die Musik hatte gewechselt. Über gezogen jaulenden Gitarretönen hörte er halblautes Sprechen, ein spitzes Lachen vom Nachbartisch. Gut saß es sich hier.

Der Dicke hinter der Theke drehte jetzt seinen Kopf nach der Tür. Draußen fiel eine Wagentür schlagend zu. Gleich darauf kamen zwei Männer herein, klein und stockig der eine davon. Er blieb in der Mitte stehen, der andere, im langen Ledermantel, steuerte auf den Nachbartisch zu. Keiner von beiden nahm seinen Hut ab. Redluff versuchte hinüberzuschielen, es durchfuhr ihn. Er sah, wie der Große sich über den Tisch beugte, kurz etwas Blinkendes in der Hand hielt. Die Musik hatte ausgesetzt. „What's he want?", hörte er den Neger vom Nebentisch sagen. „What's

Station 3: Sprache, Inhalt, Form — Text (2)

he want?" Er sah seine wulstigen Lippen sich bewegen. Das Mädchen kramte eine bunte Karte aus ihrer Handtasche. „What's he want?", sagte der Neger eigensinnig. Der Mann war schon zum nächsten Tisch gegangen. Redluff klammerte sich mit der einen Hand an die Tischkante. Er sah, wie die Fingernägel sich entfärbten. Der rauchige Raum schien ganz leicht zu schwanken, ganz leicht. Ihm war, als müsste er auf dem sich neigenden Boden jetzt langsam samt Tisch und Stuhl auf die andere Seite rutschen. Der Große hatte seine Runde beendet und ging auf den anderen zu, der immer noch mitten im Raum stand, die Hände in den Manteltaschen. Redluff sah, wie er zu dem Großen etwas sagte. Er konnte es nicht verstehen. Dann kam er geradewegs auf ihn zu.

„Sie entschuldigen", sagte er, „Ihren Ausweis, bitte!" Redluff schaute erst gar nicht auf das runde Metall in seiner Hand. Er drückte seine Zigarette aus und war plötzlich völlig ruhig. Er wusste es selbst nicht, was ihn mit einmal so ruhig machte, aber seine Hand, die in die Innentasche seines Jacketts fuhr, fühlte den Stoff nicht, den sie berührte, sie war wie von Holz. Der Mann blätterte langsam in dem Pass, hob ihn besser in das Licht. Redluff sah die Falten auf der gerunzelten Stirn, eins, zwei, drei. Der Mann gab ihm den Pass zurück. „Danke, Herr Wolters", sagte er. Aus seiner unnatürlichen Ruhe heraus hörte Redluff sich selber sprechen. „Das hat man gern, so kontrolliert werden wie", er zögerte etwas, „ein Verbrecher!" Seine Stimme stand spröde im Raum. Er hatte doch gar nicht so laut gesprochen. „Man sieht manchmal jemand ähnlich", sagte der Mann, grinste, als hätte er einen feinen Witz gemacht. „Feuer?" Er fingerte eine halbe Zigarre aus der Manteltasche. Redluff schob seine Hand mit dem brennenden Streichholz längs der Tischkante ihm entgegen. Die beiden gingen.

Redluff lehnte sich in seinen Stuhl zurück. Die Spannung in ihm zerbröckelte, die eisige Ruhe schmolz. Er hätte jubeln können. Das war es, das war die Probe und er hatte sie bestanden. Triumphierend setzte der Musikautomat wieder ein. „He, Sie vergessen Ihren Hut", sagte der Dicke hinter der Theke. Draußen atmete er tief, seine Schritte schwangen weit aus, am liebsten hätte er gesungen.

Langsam kam er wieder in belebtere Straßen, die Lichter nahmen zu, die Läden, die Leuchtzeichen an den Wänden. Aus einem Kino kam ein Knäuel Menschen, sie lachten und schwatzten, er mitten unter ihnen. Es tat ihm wohl, wenn sie ihn streiften. „Hans", hörte er eine Frauenstimme hinter sich, jemand fasste seinen Arm. „Tut mir leid", sagte er und lächelte in das enttäuschte Gesicht. Verdammt hübsch, sagte er sich. Im Weitergehen nestelte er an seiner Krawatte. Dunkelglänzende Wagen sangen über den blanken Asphalt, Kaskaden wechselnden Lichts ergossen sich von den Fassaden, Zeitungsverkäufer riefen die Abendausgaben aus. Hinter einer großen, leicht beschlagenen Spiegelglasscheibe sah er undeutlich tanzende Paare; pulsierend drang die Musik abgedämpft bis auf die Straße. Ihm war wie nach Sekt. Ewig hätte er so gehen können, so wie jetzt. Er gehörte wieder dazu, er hatte den Schritt der vielen, es machte ihm keine Mühe mehr. Im Sog der Menge ging er über den großen Platz auf die große Halle zu mit ihren Ketten von Glühlampen und riesigen Transparenten. Um die Kassen vor dem Einlass drängten sich die Menschen. Von irgendwoher flutete Lautsprechermusik. Stand dort nicht das Mädchen von vorhin? Redluff stellte sich hinter sie in die Reihe. Sie wandte den Kopf, er spürte einen Hauch von Parfüm. Dicht hinter ihr zwängte er sich durch den Einlass. Immer noch flutete die Musik, er hörte ein Gewirr von Hunderten von Stimmen. Ein paar Polizisten suchten etwas Ordnung in das Gedränge zu bringen. Ein Mann in einer Art Portiersuniform nahm ihm seine Einlasskarte ab. „Der, der!", rief er auf einmal und deutete aufgeregt hinter ihm her. Gesichter wandten sich, jemand im schwarzen Anzug kam auf ihn zu, ein blitzendes Ding in der Hand. Gleißendes Scheinwerferlicht übergoss ihn. Jemand drückte ihm einen Riesenblumenstrauß in die Hände. Zwei strahlend lächelnde Mädchen hakten ihn rechts und links unter. Fotoblitze zuckten. Und zu allem dröhnte eine geölte Stimme, die von innerer Freudigkeit fast zu bersten schien: „Ich darf Ihnen im Namen der Direktion von ganzem Herzen gratulieren. Sie sind der hunderttausendste Besucher der Ausstellung!" Redluff stand wie betäubt. „Und jetzt sagen Sie uns Ihren werten Namen", schmalzte die Stimme unwiderstehlich weiter. „Redluff, Jens Redluff", sagte er, noch ehe er wusste, was er sagte, und schon hatten es die Lautsprecher dröhnend bis in den letzten Winkel der riesigen Halle getragen. Der Kordon der Polizisten, der eben noch die applaudierende Menge zurückgehalten hatte, löste sich langsam auf. Sie kamen auf ihn zu.

Aus: Herbert Malecha, Die Probe. Die 16 besten Kurzgeschichten aus dem Preisausschreiben der Wochenzeitung DIE ZEIT. Hamburg: Marion v. Schröder Verlag 1956, S. 21–27

Station 3: Sprache, Inhalt, Form — Ergebnisblatt

	Zusammenfassende Ergebnisse aus den vier Texten	Belege der Ergebnisse an der Kurzgeschichte ‚Die Probe' von Herbert Malecha
Form/ Struktur		
Sprache		
Inhalt/ Geschehen/ Handlung		

Sequenz 1: Stationenlernen

Station 4: Das Ende fehlt   Arbeitsblatt

vorgesehene Zeit: 2–3 Unterrichtsstunden

Aufgabenstellung:

Einzelarbeit: *Lies die Kurzgeschichte gründlich durch. Es fehlt das Ende der Geschichte. Schreibe selbst ein Ende der Geschichte.*

Gruppenarbeit: *Kommt in eurer Gruppe zusammen und tauscht die jeweiligen Fassungen aus. Diskutiert die verschiedenen Variationen und entscheidet euch für eine Variante (Kombinationen sind möglich). Begründet ausführlich, warum die Geschichte so ausgeht und was das Ende über Wilfried Kalk aussagt.*

Fertigt von eurer Variante eine (groß) gedruckte Fassung und klebt sie auf ein Lernplakat. Formuliert das Ergebnis eurer Diskussion, was das Ende über Wilfried Kalk aussagt, und haltet das Ergebnis auf dem Lernplakat fest (als Diagramm, als Tabelle, als Mindmap o. Ä.).

Zur Gestaltung des Plakates: Lasst unten noch etwas Platz (etwa ein Viertel des Gesamtplakates).

Hängt euer Plakat auf und holt euch dann bei der Lehrperson das originale Ende der Geschichte. Besprecht es in eurer Gruppe und formuliert Übereinstimmungen und/oder Unterschiede. Schreibt diese dann noch auf das Plakat.

Fügt euer eigenes Ende der Kurzgeschichte, das Gruppenergebnis und die Begründungen für mögliche Veränderungen eurem *Portfolio* bei.

Station 4: Das Ende fehlt

Paul Maar:
Der Mann, der nie zu spät kam

Ich will von einem Mann erzählen, der immer sehr pünktlich war. Er hieß Wilfried Kalk und war noch nie in seinem Leben zu spät gekommen. Nie zu spät in den Kindergarten, nie zu spät zur Schule, nie zu spät zur Arbeit, nie zu spät zum Zug. Der Mann war sehr stolz darauf.
Schon als Kind war Wilfried regelmäßig eine halbe Stunde vor dem Weckerklingeln aufgewacht. Wenn seine Mutter hereinkam, um ihn zu wecken, saß er angezogen in seinem Zimmer und sagte: „Guten Morgen, Mama. Wir müssen uns beeilen." Jeden Werktag, wenn der Hausmeister in der Frühe gähnend über den Schulhof schlurfte, um das große Schultor aufzuschließen, stand Wilfried bereits davor.
Andere Kinder spielten nach der Schule Fußball und schauten sich auf dem Heimweg die Schaufenster an. Das tat Wilfried nie. Er rannte sofort nach Hause, um nicht zu spät zum Essen zu kommen.
Später arbeitete Wilfried in einem großen Büro in der Nachbarstadt. Er musste mit dem Zug zur Arbeit fahren. Trotzdem kam er nie zu spät. Er nahm den frühesten Zug und stand immer zwanzig Minuten vor der Abfahrt auf dem richtigen Bahnsteig. Kein Arbeitskollege konnte sich erinnern, dass er jemals ins Büro gekommen wäre und Wilfried Kalk nicht an seinem Schreibtisch gesessen hätte.
Der Chef stellte ihn gern als gutes Beispiel hin. „Die Pünktlichkeit von Herrn Kalk, die lobe ich mir", sagte er. „Könntest du nicht wenigstens einmal zu spät kommen? Nur ein einziges Mal!"
Aber Wilfried schüttelte den Kopf und sagte: „Ich sehe nicht ein, welchen Vorteil es bringen soll, zu spät zu kommen. Ich bin mein ganzes Leben lang pünktlich gewesen."
Wilfried verabredete sich nie mit anderen und ging nie zu einer Versammlung. „Das alles sind Gelegenheiten, bei denen man zu spät kommen könnte", erklärte er. „Und Gefahren sollte man meiden."
Einmal glaubte ein Arbeitskollege, er habe Wilfried bei einer Unpünktlichkeit ertappt. Er saß im Kino und schaute sich die Sieben-Uhr-Vorstellung an. Da kam Wilfried während des Films herein und tastete sich im Dunkeln durch die Reihe. „Hallo, Wilfried! Du kommst ja zu spät", sagte der Arbeitskollege verwundert. Aber Wilfried schüttelte unwillig den Kopf und sagte: „Unsinn! Ich bin nur etwas früher gekommen, um rechtzeitig zur Neun-Uhr-Vorstellung hier zu sein."
Ins Kino ging Wilfried sowieso sehr selten. Lieber saß er zu Hause im Sessel und studierte den Fahrplan. Er kannte nicht nur alle Ankunfts- und Abfahrtszeiten auswendig, sondern auch die Nummern der Züge und den richtigen Bahnsteig. Als Wilfried fünfundzwanzig Jahre lang nie zu spät zur Arbeit gekommen war, veranstaltete der Chef ihm zu Ehren nach Dienstschluss eine Feier. Er öffnete eine Flasche Sekt und überreichte Wilfried eine Urkunde. Es war das erste Mal, dass Wilfried Alkohol trank. Schon nach einem Glas begann er zu singen. Nach dem zweiten Glas fing er an zu schwanken, und als der Chef ihm ein drittes Glas eingegossen hatte, mussten zwei Arbeitskollegen den völlig betrunkenen Wilfried heim- und ins Bett bringen. Am nächsten Morgen wachte er nicht wie üblich eine halbe Stunde vor dem Weckerklingeln auf. Als der Wecker längst geläutet hatte, schlief er immer noch tief. Er erwachte erst, als ihm die Sonne ins Gesicht schien.
Entsetzt sprang er aus dem Bett, hastete zum Bahnhof. Die Bahnhofsuhr zeigte 9 Uhr 15. Viertel nach neun, und er saß noch nicht hinter seinem Schreibtisch! Was würden die Kollegen sagen? Was der Chef! „Herr Kalk, Sie kommen zu spät, nachdem wir Ihnen erst gestern eine Urkunde überreicht haben?!" Kopflos rannte er den Bahnsteig entlang. In seiner Hast stolperte er über einen abgestellten Koffer, kam zu nahe an die Bahnsteigkante, trat ins Leere und stürzte hinunter auf die Schienen. Noch während des Sturzes wusste er: Alles ist aus. Dies ist der Bahnsteig vier, folglich fährt hier in diesem Augenblick der Neun-Uhr-sechzehn-Zug ein, Zugnummer 1072, planmäßige Weiterfahrt 9 Uhr 21. Ich bin tot!
Er wartete eine Weile, aber nichts geschah. Und da er offensichtlich immer noch lebte, stand er verdattert auf, kletterte auf den Bahnsteig zurück und suchte einen Bahnbeamten.
Als er ihn gefunden hatte, fragte er atemlos: „............

Aus: Paul Maar: Der Tag, an dem Tante Marga verschwand.
© Verlag Friedrich Oetinger, Hamburg 1986

Sequenz 1: Stationenlernen

Station 4: Das Ende fehlt — Lösung und Vergleich

Hier ist nun das Originalende der Kurzgeschichte. Vergleicht es mit eurer Variante und arbeitet die Unterschiede und Gemeinsamkeiten heraus. Schreibt sie auf.

Ende der Kurzgeschichte von Paul Maar:

Als er ihn gefunden hatte, fragte er atemlos: „Der 9-Uhr-16! Was ist mit dem 9-Uhr-16-Zug?"
„Der hat sieben Minuten Verspätung", sagte der Beamte im Vorbeigehen.
„Verspätung", wiederholte Wilfried und nickte begreifend. An diesem Tag ging Wilfried überhaupt nicht ins Büro. Am nächsten Morgen kam er erst um zehn Uhr und am übernächsten um halb zwölf. „Sind Sie krank, Herr Kalk?", fragte der Chef erstaunt.
„Nein", sagte Wilfried. „Ich habe inzwischen nur festgestellt, dass Verspätungen manchmal recht nützlich sein können."

Aus: Paul Maar: Der Mann, der nie zu spät kam (Schluss der Geschichte). In: Ders.: Der Tag, an dem Tante Marga verschwand. © Verlag Friedrich Oetinger, Hamburg 1986

Optional (Einzelarbeit):
Lies dir die kurze Geschichte (Parabel) von Franz Kafka gut durch.

Franz Kafka: Gibs auf

Es war sehr früh am Morgen, die Straßen rein und leer, ich ging zum Bahnhof. Als ich eine Turmuhr mit meiner Uhr verglich, sah ich, dass es schon viel später war, als ich geglaubt hatte, ich musste mich sehr beeilen, der Schrecken über diese Entdeckung ließ mich im Weg unsicher werden, ich kannte mich in dieser Stadt noch nicht sehr gut aus, glücklicherweise war ein Schutzmann in der Nähe, ich lief zu ihm und fragte ihn atemlos nach dem Weg. Er lächelte und sagte: „Von mir willst du den Weg erfahren?" „Ja", sagte ich, „da ich ihn selbst nicht finden kann." „Gibs auf, gibs auf", sagte er und wandte sich mit einem großen Schwunge ab, so wie Leute, die mit ihrem Lachen allein sein wollen.

Aus: Franz Kafka: Sämtliche Erzählungen, hrsg. v. Paul Raabe, Fischer Taschenbuch 1078, Frankfurt/M. 1970, S. 320 f.

Am Schluss der Kurzgeschichte sagt Wilfried Kalk, er habe inzwischen festgestellt, dass Verspätungen manchmal recht nützlich sein können.
Versetze dich in die Lage der Ich-Figur aus der Parabel „Gibs auf". Denke darüber nach, wie das Leben dieser Ich-Figur aussehen könnte, welche Charakterzüge diese Figur hat, und schreibe dann als diese Figur einen Brief an Wilfried, in dem du zu diesem Satz ausführlich Stellung beziehst.

Füge diesen Brief deinem *Portfolio* bei.

Station 5: Kurzgeschichte schreiben Arbeitsblatt

Diese Station bietet sich als **Hausaufgabe** an. Den Text solltest du zu Hause schreiben, für die Besprechungen in der Gruppe sind 2 Std. vorgesehen.

Gehe ins Internet und suche in Google (Bildsuchfunktion) eines der angegebenen Bilder von Edward Hopper:

Hotel Window 1955
Cape Cod Morning 1950
Hotel Lobby 1943
Hotel by a railroad 1952
Chop Suey 1929

Entscheide dich für eines dieser Bilder als Impuls für deine Kurzgeschichte.

Betrachte das Bild für eine längere Zeit. Was kommt dir in den Sinn, welche Geschichte könnte sich hinter dem Bild verbergen? Was könnte/n die Person/en auf dem Bild kurz vorher gemacht/gedacht/erlebt haben, was nachher? Was geschieht in dem Raum des Bildes noch, oder was könnte passieren, was geschieht neben dem gezeigten Ausschnitt des Bildes?

Lass deiner Fantasie freien Lauf.

Berücksichtige beim Schreiben die bereits erarbeiteten Merkmale einer Kurzgeschichte.

Gruppenarbeit:
Tauscht die Geschichten erst einmal innerhalb eurer Gruppe aus und gebt ausführlich Rückmeldung.

Organisiert eine Lesung der so entstandenen Kurzgeschichten, tauscht sie untereinander aus und überprüft, ob die Hauptmerkmale berücksichtigt wurden. Gebt eine detaillierte Rückmeldung an die AutorInnen. Veranstaltet eine Lesung vor geladenen Gästen. Benutzt dabei die Bilder als Gestaltungsmittel für den Abend, möglicher Titel könnte ‚Hopper Stories' sein.
Druckt die Geschichten in einem Heft ab und macht es anderen zugänglich – inner- und außerschulisch.

Schreibe deine Kurzgeschichte auf dem Computer und füge sie deinem *Portfolio* bei.

Sequenz 1: Stationenlernen

Station 6: Perspektive   Arbeitsblatt

In dieser Station beschäftigt ihr euch in der Gruppe arbeitsteilig mit zwei Kurzgeschichten: „Die Tochter" von Peter Bichsel und „Mittagspause" von Wolf Wondratschek.
Für diese Station sind 2–3 Unterrichtsstunden vorgesehen.
Teilt euch so auf, dass zwei Gruppenmitglieder jeweils eine Kurzgeschichte bearbeiten.

Einzelarbeit: Lies die jeweilige Kurzgeschichte gut durch und bearbeite folgende Aufgabe:

Formuliere (schriftlich) den Inhalt und eine erste Deutungshypothese der jeweiligen Kurzgeschichte (*In der Kurzgeschichte .... von .... geht es um ....*).
Notiere dann zwei bis drei Besonderheiten, die dir an der Schreibweise auffallen, und versuche, inhaltlich zu begründen, warum der Autor diese Schreibweise gewählt hat.

Partnerarbeit: Vergleiche deine Ergebnisse zuerst mit dem Partner/der Partnerin, der/die die gleiche Geschichte bearbeitet hat. Redet über Unterschiede, verändert oder ergänzt gegebenenfalls eure Ergebnisse.

Einzelarbeit: Lies dann die jeweils andere Kurzgeschichte.
(Bis hierhin ist eine Unterrichtsstunde vorgesehen.)

Gruppenarbeit: Stellt euch nun gegenseitig die Arbeitsergebnisse vor, sodass ihr am Ende dieser Phase den Inhalt beider Kurzgeschichten kennt, mit einer ersten Deutungshypothese vertraut seid und euch über sprachliche Besonderheiten ausgetauscht habt.

Einzelarbeit: Beantwortet nun schriftlich und ausführlich die folgenden Fragen:

1. Wie wird die Tochter in beiden Kurzgeschichten dargestellt?
2. Wie werden die Eltern in beiden Kurzgeschichten dargestellt?
3. Was erfahren wir über das Verhältnis zwischen Eltern und Tochter in beiden Kurzgeschichten?

Gruppenarbeit: Lest euch eure Arbeitsergebnisse vor und ergänzt oder verändert, wenn nötig.

Hausaufgabe nach einer Doppelstunde:

Einzelarbeit: Entscheide dich für eine der beiden Kurzgeschichten.

„Mittagspause": Versetze dich in die Lage des Vaters oder der Mutter. Du wirst gefragt, was deine Tochter eigentlich so in ihrer Mittagspause macht. Schreibe eine Antwort.

„Die Tochter": Versetze dich in die Lage von Monika. Du sitzt mit Freundinnen im Tearoom und eine Freundin fragt: „Monika, wie sind eigentlich so deine Eltern?" Schreibe eine Antwort.

Füge Inhalt, Deutungshypothesen und sprachliche Besonderheiten beider Kurzgeschichten, die ausführliche Bearbeitung der drei Fragestellungen und die schriftliche Beantwortung der Frage nach Tochter oder Eltern deinem *Portfolio* bei.

Station 6: Perspektive

Text 1

Peter Bichsel: Die Tochter (1964)

Abends warteten sie auf Monika. Sie arbeitete in der Stadt, die Bahnverbindungen sind schlecht. Sie, er und seine Frau, saßen am Tisch und warteten auf Monika. Seit sie in der Stadt arbeitete, aßen sie erst um halb acht. Früher hatten sie eine Stunde eher gegessen. Jetzt warteten sie täglich eine Stunde am gedeckten Tisch, an ihren Plätzen, der Vater oben, die Mutter auf dem Stuhl nahe der Küchentür, sie warteten vor dem leeren Platz Monikas. Einige Zeit später dann auch vor dem dampfenden Kaffee, vor der Butter, dem Brot, der Marmelade.

Sie war größer gewachsen als sie, sie war auch blonder und hatte die Haut, die feine Haut der Tante Maria. „Sie war immer ein liebes Kind", sagte die Mutter, während sie warteten. In ihrem Zimmer hatte sie einen Plattenspieler, und sie brachte oft Platten mit aus der Stadt, und sie wusste, wer darauf sang. Sie hatte auch einen Spiegel und verschiedene Fläschchen und Döschen, einen Hocker aus marokkanischem Leder, eine Schachtel Zigaretten.

Der Vater holte sich seine Lohntüte auch bei einem Bürofräulein. Er sah dann die vielen Stempel auf einem Gestell, bestaunte das sanfte Geräusch der Rechenmaschine, die blondierten Haare des Fräuleins, sie sagte freundlich „Bitte schön", wenn er sich bedankte.

Über Mittag blieb Monika in der Stadt, sie aß eine Kleinigkeit, wie sie sagte, in einem Tearoom. Sie war dann ein Fräulein, das in Tearooms lächelnd Zigaretten raucht. Oft fragten sie sie, was sie alles getan habe in der Stadt, im Büro. Sie wusste aber nichts zu sagen. Dann versuchten sie wenigstens, sich genau vorzustellen, wie sie beiläufig in der Bahn ihr rotes Etui mit dem Abonnement aufschlägt und vorweist, wie sie den Bahnsteig entlanggeht, wie sie sich auf dem Weg ins Büro angeregt mit Freundinnen unterhält, wie sie den Gruß eines Herrn lächelnd erwidert. Und dann stellten sie sich mehrmals vor in dieser Stunde, wie sie heimkommt, die Tasche und ein Modejournal unter dem Arm, ihr Parfum; stellten sich vor, wie sie sich an ihren Platz setzt, wie sie dann zusammen essen würden. Bald wird sie sich in der Stadt ein Zimmer nehmen, das wussten sie, und dass sie dann wieder um halb sieben essen würden, dass der Vater nach der Arbeit wieder seine Zeitung lesen würde, dass es dann kein Zimmer mehr mit Plattenspieler gäbe, keine Stunde des Wartens mehr. Auf dem Schrank stand eine Vase aus blauem schwedischem Glas, eine Vase aus der Stadt, ein Geschenkvorschlag aus dem Modejournal.

„Sie ist wie deine Schwester", sagte die Frau, „sie hat das alles von deiner Schwester. Erinnerst du dich, wie schön deine Schwester singen konnte."

„Andere Mädchen rauchen auch", sagte die Mutter.

„Ja", sagte er, „das habe ich auch gesagt."

„Ihre Freundin hat kürzlich geheiratet", sagte die Mutter. Sie wird auch heiraten, dachte er, sie wird in der Stadt wohnen.

Kürzlich hatte er Monika gebeten: „Sag mal etwas auf Französisch." – „Ja", hatte die Mutter wiederholt, „sag mal etwas auf Französisch." Sie wusste aber nichts zu sagen. Stenografieren kann sie auch, dachte er jetzt. „Für uns wäre das zu schwer", sagten sie oft zueinander.

Dann stellte die Mutter den Kaffee auf den Tisch. „Ich habe den Zug gehört", sagte sie.

Aus: Peter Bichsel: Eigentlich möchte Frau Blum den Milchmann kennenlernen. © Suhrkamp Verlag Frankfurt am Main 1993

Station 6: Perspektive

Wolf Wondratschek: Mittagspause (1969)

Sie sitzt im Straßencafé. Sie schlägt sofort die Beine übereinander. Sie hat wenig Zeit. Sie blättert in einem Modejournal. Die Eltern wissen, dass sie schön ist. Sie sehen es nicht gern.

5 Zum Beispiel. Sie hat Freunde. Trotzdem sagt sie nicht, das ist mein bester Freund, wenn sie zu Hause einen Freund vorstellt.

Zum Beispiel. Die Männer lachen und schauen herüber und stellen sich ihr Gesicht ohne Sonnenbrille vor.

10 Das Straßencafé ist überfüllt. Sie weiß genau, was sie will. Auch am Nebentisch sitzt ein Mädchen mit Beinen.

Sie hasst Lippenstift. Sie bestellt einen Kaffee. Manchmal denkt sie an Filme und denkt an Liebesfilme. Alles muss schnell gehen. Freitags reicht die Zeit, um einen Cognac 15 zum Kaffee zu bestellen. Aber freitags regnet es oft. Mit einer Sonnenbrille ist es einfacher, nicht rot zu werden. Mit Zigaretten wäre es noch einfacher. Sie bedauert, dass sie keine Lungenzüge kann. Die Mittagspause ist ein Spielzeug. Wenn sie nicht angesprochen wird, stellt sie sich vor, 20 wie es wäre, wenn ein Mann sie ansprechen würde. Sie würde lachen. Sie würde eine ausweichende Antwort geben. Vielleicht würde sie sagen, dass der Stuhl neben ihr besetzt sei. Gestern wurde sie angesprochen. Gestern war der Stuhl frei. Gestern war sie froh, dass in der Mittagspause alles so sehr schnell geht.

25 Beim Abendessen sprechen die Eltern davon, dass sie einmal jung waren. Vater sagt, er meine es nur gut. Mutter sagt sogar, sie habe eigentlich Angst. Sie antwortet, die Mittagspause ist ungefährlich.

Sie hat mittlerweile gelernt, sich zu entscheiden. Sie ist ein 30 Mädchen wie andere Mädchen. Sie beantwortet eine Frage mit einer Frage.

Obwohl sie regelmäßig im Straßencafé sitzt, ist die Mittagspause anstrengender als Briefeschreiben. Sie wird von allen Seiten beobachtet. Sie spürt sofort, dass sie Hände 35 hat. Der Rock ist nicht zu übersehen. Hauptsache, sie ist pünktlich.

Im Straßencafé gibt es keine Betrunkenen. Sie spielt mit der Handtasche. Sie kauft jetzt keine Zeitung.

Es ist schön, dass in jeder Mittagspause eine Katastrophe 40 passieren könnte. Sie könnte sich sehr verspäten. Sie könnte sich sehr verlieben. Wenn keine Bedienung kommt, geht sie hinein und bezahlt den Kaffee an der Theke. An der Schreibmaschine hat sie viel Zeit, an Katastrophen zu denken. Katastrophe ist ihr Lieblingswort. Ohne das Lieb- 45 lingswort wäre die Mittagspause langweilig.

Aus: Wolf Wondratschek, Früher begann der Tag mit einer Schusswunde. München: Deutscher Taschenbuch Verlag 2007

Sequenz 1: Stationenlernen

Station 7: Analyse   Arbeitsblatt

In dieser Sequenz habt ihr bereits einige Kurzgeschichten kennengelernt, aber noch keine vollständig analysiert.

Schreibt die Analyse am besten als Hausaufgabe. Für die Rückmeldung und Besprechung der Ergebnisse plant 2–3 Std. ein.

Hinweise zu einer vollständigen Analyse

1. Einleitungssatz (Hinweise zu Text, Autor und Zeit)
2. Zusammenfassung der Handlung/des Inhalts und erste Deutungshypothese
3. inhaltliche Schwerpunkte und ihre Deutung (z. B.: Charakterisierung der Hauptfigur/ entscheidender Moment in der Geschichte/wichtigster Konflikt/Personenkonstellation/Handlungsmotive u. Ä. mit Bezug auf Textstellen)
4. formale und sprachliche Besonderheiten und ihre Deutung (z. B.: Reihungsstil, Schlüsselbegriffe, Aufbau der Geschichte, Sprachebene, rhetorische Mittel u. Ä. mit Bezug auf Textstellen)
5. deutende Zusammenfassung und Überprüfung der Deutungshypothese
6. persönliche Stellungnahme

Sucht euch nun **eine** der fünf Kurzgeschichten aus:

Peter Bichsel: San Salvador
Peter Bichsel: Die Tochter
Gabriele Wohmann: Ein netter Kerl
Paul Maar: Der Mann, der nie zu spät kam
Wolf Wondratschek: Mittagspause

Arbeitsauftrag:

Einzelarbeit: Schreibe eine ausführliche Analyse. Beachte dabei die oben angegebenen Hinweise.

Partnerarbeit: Tauscht mit einem/r Partner/in eure Analysen aus und gebt eine ausführliche Rückmeldung. Benutzt hierfür den Rückmeldebogen 1.

Einzelarbeit: Lies dir die Rückmeldung deines/r Partners/in gründlich durch und überarbeite wenn nötig deinen Text.

Gruppenarbeit: Lest euch in der Gruppe die Analysen vor, besprecht die Ergebnisse und wählt eine aus, die ihr für besonders gelungen haltet, um sie dem Plenum vorzustellen.

Füge deine (überarbeitete) Analyse und den Rückmeldebogen deinem Portfolio bei.

Optional: Frage eine/n Mitschüler/in, die/der Station 5 erarbeitet und dort eine eigene Kurzgeschichte verfasst hat, ob er/sie dir die Geschichte zu lesen gibt. Verfasse zu der Geschichte eine Analyse nach dem gleichen Muster. Besprich das Ergebnis mit dem/der „Autor/in". Füge die Analyse deinem Portfolio bei.

Sequenz 1: Stationenlernen

Station 7: Analyse   Rückmeldebogen 1

für: _____ zur Kurzgeschichte: _____

Kriterium	erfüllt ja/nein	Kommentar, Verbesserungsvorschläge in Stichworten
Vollständiger Einleitungssatz (Autor, Text, Zeit)		
Kurze Zusammenfassung der Handlung (Die Geschichte handelt von …)		
Nachvollziehbare erste Deutungshypothese		
Inhaltliche Schwerpunkte und die jeweilige Deutung mit konkretem Textbezug		
Sprachliche und formale Besonderheiten und ihre Deutung mit konkretem Textbezug		
Deutende Zusammenfassung und Überprüfung der ersten Deutungshypothese		
Persönliche Stellungnahme		
Zitate aus dem Text		
Formulierung und Rechtschreibung der Analyse		

Lehrerhinweise zu Sequenz 1: Stationenlernen

Wie aus den Hinweisen zu der Methode des Stationenlernens (S. 23) bereits hervorgeht, müssen Sie vor Beginn der Reihe bereits das gesamte Arbeitsmaterial (mindestens eines Lernabschnitts) kopiert haben, sodass die SchülerInnen auch wirklich die Wahl haben, die ihnen durch die Arbeitsaufträge zugestanden ist. Für die hier konzipierte Kurzreihe heißt das, dass Sie die ersten beiden Stationen zeitgleich vorlegen müssen, dann in einem zweiten Schritt das gesamte Material für die Stationen 3 bis 6; Station 7 kann dann zum Schluss vorgelegt werden.
Die zweite Phase dieses Lernzirkels können Sie auch kürzen, indem Sie nur drei Stationen zur Wahl stellen, von denen die Gruppen dann zwei bearbeiten müssen.
Sie sollten darauf achten, zwischen den Phasen dieses Lernzirkels Zeit für die Präsentation und Besprechung der Lernergebnisse im Plenum einzuplanen. So haben Sie sowohl durch die Abgabe der Arbeitsergebnisse im Portfolio wie auch durch die Präsentationen Möglichkeiten der Lernstandsabfrage und der möglicherweise notwendigen Korrektur. Dabei ist es dringend erforderlich, auf den zuvor mit dem Kurs/mit der Klasse vereinbarten Abgabeterminen zu bestehen.

Station 1: Einstieg (S. 26 ff.)

Station 1 dient als Einstieg in die Erarbeitung einer Analyse. Mit der **Fünf-Schritt-Lesemethode** (Arbeitsblatt, S. 26 ff.) soll den SchülerInnen eine Möglichkeit der systematischen ersten Annäherung an einen Text zur Verfügung gestellt werden, die sie auf andere Texte übertragen können. Die Antworten für die meisten Schritte sind individuell unterschiedlich, bei 1b sind „Langeweile im Leben" und „Lebensträume verwirklichen" die naheliegendsten Antworten. Bei Aufgabe 2 können Fragen wie „Warum übt Paul gerade seine Unterschrift?", „Warum will er nach San Salvador?", „Warum steht im Text zweimal „Mir ist es hier zu kalt"? oder „Wie ist das Verhältnis zwischen Paul und seiner Frau Hildegard?" gestellt werden.
Nach Schritt 2 ist eine Unterbrechung geplant, in der die Vierer-Gruppen einen ersten Austausch ihrer Arbeitsergebnisse vornehmen. Hier können erste große Missverständnisse oder Verstehenslücken geklärt bzw. geschlossen werden.
Mit Schritt 3 beginnt die dezidierte Textarbeit, eingeübt werden hier das Markieren von wichtigen Textstellen, sowie das Heranziehen von Textstellen als Antworten und Belege für Deutungsansätze. In Schritt 4 sollen dann all die bisher zusammengetragenen Ergebnisse dazu genutzt werden, eine knappe Inhaltsangabe zu schreiben und in eigenen Worten die Fragen an den Text zu beantworten. In einer erneuten Gruppenarbeitsphase gilt es, die Einzelergebnisse vorzutragen und nach Rückmeldung durch die MitschülerInnen zu überarbeiten. Diese Überarbeitung ist Inhalt des 5. Schrittes, Endprodukt ist dann eine erste, noch recht allgemein gehaltene Analyse der Kurzgeschichte, bestehend aus Inhaltsangabe und inhaltlicher Problematisierung und Annäherung an den Text.

Station 2: Merkmale einer Kurzgeschichte (S. 30 ff.)

Station 2 macht mit den Merkmalen einer Kurzgeschichte bekannt. Die SchülerInnen sollen anhand der Merkmalslisten (S. 32 f.) herausfinden und überprüfen, welche typischen Merkmale auf die Kurzgeschichten im Allgemeinen und auf „Ein netter Kerl" von Gabriele Wohmann im Besonderen zutreffen. Die Merkmale sind bewusst nicht durchnummeriert, da sonst die SchülerInnen lediglich die Zahlen benennen würden: So sind sie gezwungen, den Inhalt der Aussagen zu benennen.

Auf Liste A treffen zu:
- Die Kurzgeschichte endet oft sehr unvermittelt, ...
- Die Handlung in einer Kurzgeschichte ist immer außergewöhnlich. ...
- Die Sprache der Kurzgeschichte ist an die Alltagssprache angelehnt. ...
- Die Kurzgeschichte verfügt über einen klaren, linearen Handlungsverlauf ...

Liste B:
- Die Handlung einer Kurzgeschichte ist der Alltagswelt entnommen. ...
- In der Kurzgeschichte wird nur ein kleiner Ausschnitt ...
- Die Kurzgeschichte verfügt über einen klaren, linearen Handlungsverlauf ...

Liste C:
- Ohne Einleitung oder Hinführung fängt die Kurzgeschichte ...
- Die Sprache der Kurzgeschichte ist an die Alltagssprache angelehnt. ...

Liste D:
- Die Handlung einer Kurzgeschichte ist der Alltagswelt entnommen. ...
- Die Kurzgeschichte verfügt über einen klaren, linearen Handlungsverlauf ...
- In der Kurzgeschichte wird nur ein kleiner Ausschnitt ...

Aus allen Listen zusammengenommen ergeben sich dann die folgenden Merkmale einer Kurzgeschichte, die alle auch auf „Ein netter Kerl" von Gabriele Wohmann zutreffen:
- offener Anfang und offenes Ende
- außergewöhnliche, besondere Situation im Leben eines Menschen
- linearer, klarer Handlungsverlauf ohne Nebenhandlungen
- Alltagsgeschehen
- Alltagssprache

Der Ablauf der Arbeitschritte in dieser Station ist den Grundsätzen des kooperativen Lernens entnommen (Think – Pair – Share, vgl. S. 54)

Die Ergebnisse, die die SchülerInnen auf einem Lernplakat festhalten, sollten im Klassen- oder Kursraum aufgehängt werden und über den Verlauf der Unterrichtsreihe auch dort verweilen.

Die Reihenplanung sieht vor, nach diesen beiden Stationen eine erste Bilanz zu ermöglichen und sie für die SchülerInnen klar als Einstieg und Basis zu kennzeichnen. Dies soll auch dadurch verdeutlicht werden, dass die Arbeitsergebnisse sowohl im Plenum besprochen werden, wie auch durch einen definierten Abgabetermin der Portfoliomappen. Für die Lehrperson bietet sich hier die Möglichkeit, den Lernprozess der SchülerInnen in seinem Anfangsstadium zu überprüfen und womöglich aufgetretene Verständnisprobleme frühzeitig zu erkennen und darauf zu reagieren. Die Begutachtung der Mappen kann auch während der Unterrichtsphase erfolgen, in der die SchülerInnen mit den Stationen 3 bis 7 beschäftigt sind.

Station 3: Sprache, Inhalt, Form (S. 34 ff.)

Station 3, die ja im zweiten Teil eine Pflichtstation darstellt, vertieft die Thematik der typischen Merkmale einer Kurzgeschichte. Hier sollen Struktur- und Formmerkmale sowie inhaltliche Merkmale und Besonderheiten der Sprache erarbeitet werden. Die arbeitsteilige Gruppenarbeit verlangt von jedem Teilnehmer eine individuelle Leistung. Ein vollständiges Gruppenergebnis kann nur dann zustande kommen, wenn sich alle Gruppenmitglieder an der Arbeit beteiligt haben.

Text 1 beschreibt die Kurzgeschichte als Ergebnis der Veränderungen der Welt durch die Moderne. Die Auflösung von Gesamtzusammenhängen, von Zeit- und Raumstrukturen hin zu einer Ansammlung von unzusammenhängend erscheinenenden Einzelsituationen, führt zu dieser „inneren Notwendigkeit" des Blicks auf den losgelösten Moment, auf die einzelne, isolierte Situation. „Die Einzelgegenstände bekommen Gewicht." (Z. 15 f.) Gleichzeitig verliert er aber paradoxerweise an Kraft, weil tausend andere Einzelgegenstände gleich bedeutend neben ihm stehen. Dieses Paradoxon erklärt **Inhalt und Struktur** der Kurzgeschichte: Konzentration auf eine entscheidende Gegebenheit bei gleichzeitiger Offenheit und vermeintlicher Austauschbarkeit.

Text 2 zielt mehr auf die **sprachliche Gestaltung** einer Kurzgeschichte. Die Konzentration auf das Wesentliche hat eine verdichtete Sprache zur Folge; Telegrammstil, Andeutungen, Verweise, Pointierungen sind die typischen Mittel. Gleichzeitig hat die Sprache eine alltägliche, fast schon umgangssprachliche Oberflächlichkeit, die sich aber bei genauerer Analyse als hintergründig und ‚kunstvoll' erweist.

Text 3 geht auf die **inhaltliche Besonderheit** der Kurzgeschichte ein. Er beschreibt, wie das Geschehen, die Handlungssituation einer Kurzgeschichte beschaffen ist. Hier wird der entscheidende Moment, die aus dem Alltagsfluss herausragende Situation, genauer beschrieben, die konstitutiv für die Kurzgeschichte ist, „fragmentarisch" und „momentan" sind hier die entscheidenden Begriffe. Die Geschichte wird vom Erzähler eher unbeteiligt, distanziert erzählt, ohne innere Beteiligung und ohne moralischen Zeigefinger.

Text 4 betont noch einmal die **sprachlichen Besonderheiten** der Kurzgeschichte. Die Verdichtung hat eine deutliche Betonung des einzelnen Satzes zur Folge. Die Geschichte hat nicht viel Raum und Zeit, um das zu vermitteln, was gesagt werden will; daher sind knappe Raffung, wenig Worte, klare Gesten vonnöten.

Das Ergebnis nach der Gruppenarbeit könnte wie folgt aussehen:

	Zusammenfassende Ergebnisse aus den vier Texten	Belege der Ergebnisse an der Kurzgeschichte ‚Die Probe' von Herbert Malecha
Form/ Struktur	– keine geschlossene Form, Nebeneinander vieler Einzelheiten – kein abgeschlossenes Ergebnis – Konzentration auf einen Handlungsstrang – besondere Bedeutung des Gestischen und Dialogischen – hohe Bedeutung des einzelnen Satzes – verdichteter, homogener Raum des Erzählten	– ohne Einleitung, ohne Schluss – Gedankenstrom, viele Eindrücke (Z. 25–41; 122–142) – nur die Frage nach Identität, nur die Probe – Angst durch Gesten, Bewegung, Bedrohung verdeutlicht – zugespitzt auf jedes Wort, auf den Namen – Geschichte spielt sich im Kopf ab, auch Äußerliches nur in der engen Welt Redluffs
Sprache	– verdichtend, verkürzend, Telegrammstil – Andeutungen, Verweise – äußerlich einfach und klar – hintergründig und gezielt – sinngerichtet, kalkuliert – an Alltagssprache angelehnt – distanziert, emotionslos – knappe Raffung	– Reihungsstil , vgl. Z. 25 ff. – Andeutungen der Angst – wovor wird nur langsam deutlich – Straßenverkehr als Schilderung des Lebens, Verkettungen, Ströme – Alltagssprache: verdammte Einbildung, Konjak, doppelt, ein Knäuel Menschen, Verdammt hübsch
Inhalt/ Geschehen/ Handlung	– Reaktion auf Unüberschaubarkeit der Moderne – Gesamtheit geht verloren, nur Einzelheiten sind wahrzunehmen – Nebeneinander der Momente – keine festgelegte Moral – entscheidende Situation im Alltagsfluss, entscheidende Wendung – begrenzter Aspekt, Ausschnitt – Lebenssituation eines Menschen, individuelles Schicksal	– einzelne, unbedeutende Geschichte im unüberschaubaren Fluss der Großstadt – keine Vorgeschichte, kein Ergebnis, nur herausgeschnittene Begebenheit des Identitätswechsels – keinerlei moralische Bewertung, Straftat bleibt völlig unklar – entscheidende Situation für Redluff, Tarnung, Identitätswechsel gescheitert

Station 4: Das Ende fehlt (S. 40 ff.)

In **Station 4** geht es um einen produktionsorientierten Arbeitsauftrag, nämlich das Ende einer Kurzgeschichte selbst zu schreiben. Dabei sind der kreativen Freiheit des Produzierenden insoweit Grenzen gesetzt, als die Figur des Wilfried Kalk in seiner Charakteristik erkennbar bleiben muss. Aber nicht nur die Hauptfigur muss erkennbar bleiben, auch Sprachstil und Erzählduktus sind Kriterien, die eine gelungene Arbeit erfüllen muss. Dazu kommen die Überraschung, die Zuspitzung und das offene Moment, um die Qualität der Lösung als Schluss einer Kurzgeschichte zu bewerten. Die Kurzgeschichte von Paul Maar (S. 41) ist eher an die Jahrgänge 8 und 9 gerichtet, durch den Bezug zu der Parabel „Gibs auf" von Franz Kafka (S. 42) könnte diese Station einen für die höheren Jahrgänge angemessenen Anspruch erreichen.

Als optionale Aufgabenstellung ergäbe sich dann die Frage nach den unterschiedlichen Charaktereigenschaften Wilfrieds und denen der Ich-Figur bei Kafka.
Auf der einen Seite Wilfried Kalk, der vor lauter Pflichterfüllung und Gehorsam sein Leben verpasst und erst durch den Ausnahmezustand aus der Bahn gerät und merkt, wie hohl und langweilig sein bisheriges Leben war; auf der anderen Seite der suchende, verwirrte, ängstliche, lebensunfähige Ich-Erzähler bei Franz Kafka, für den die Verspätung nicht Befreiung bedeutet, sondern ein weiteres Indiz für die Nicht-Bewältigung des eigenen Lebens und die Aussichtslosigkeit einer Veränderung ist.

Sequenz 1: Stationenlernen

Station 5: Kurzgeschichte schreiben (S. 43 ff.)

Station 5 verweist auf die Nutzung des Internets. Die SchülerInnen sollen über die angegebene Suchmaschine Bilder des US-amerikanischen Malers Edward Hopper aufrufen und sich für eines von ihnen entscheiden. Die Bilder sollen als Anregung dienen, als bildlicher Impuls, als Inspiration, eine Kurzgeschichte zu schreiben. Die Bilder Hoppers eignen sich deshalb besonders gut, weil ihnen allen die Einfrierung eines Moments, der Blick auf eine herausgelöste Situation eigen sind. Sie beinhalten, wie ein einzelner Take beim Film, das Davor und Danach, ohne es konkret zu zeigen. Von daher erzählen die Bilder immer auch eine Geschichte, die von den SchülerInnen entdeckt werden kann. Hier sind vor allem die Merkmale der Kurzgeschichte Kriterien für die Rückmeldung und Bewertung, denn der Arbeitsauftrag macht deutlich, dass eine Kurzgeschichte geschrieben werden soll.

Station 6: Perspektive (S. 44 ff.)

In **Station 6** steht die Perspektive einer Erzählung und der Wechsel derselben im Mittelpunkt. Anhand der beiden Klassiker „Die Tochter" (S. 45) und „Mittagspause" (S. 46) sollen die SchülerInnen erkennen, dass in einer Geschichte aus einer bestimmten Perspektive erzählt wird, dass man diese ändern kann und dass dies einen anderen Blick auf das Geschehen erzeugt. Die beiden Kurzgeschichten bieten sich deshalb an, weil die „Mittagspause" quasi als Antwort auf „Die Tochter" gelesen werden kann. In „Die Tochter" stehen die Eltern im Mittelpunkt, die sich Gedanken über ihre Tochter machen, die sie eigentlich gar nicht kennen, von der sie nur ungenaue Vorstellungen haben, von der sie nur vermuten, was sie macht und wie sie sich verhält. Die Beziehung ist eigentlich nur noch leeres Ritual: Sie warten mit dem Abendbrot, bis ihre Tochter nach Hause kommt, wobei die Geschichte offen lässt, ob diese überhaupt nach Hause kommt. „Die Mittagspause" füllt in gewisser Hinsicht die Leerstellen aus. Wolf Wondratschek beschreibt die „Tochter" in der Mittagspause, von der sich die Eltern nur ein vages Bild machen können. Aus der Sicht der jungen Frau wird diese Mischung aus Selbstständigkeit und Unsicherheit, aus Angst und Risikobereitschaft, aus Mut und Zögerlichkeit Heranwachsender beschrieben, die ständig in der Vorstellung leben, jeden Moment könne sich das gesamte Leben verändern und ein großes Abenteuer beginnen, die aber gleichzeitig immer froh sind, dass die herbeigesehnte Katastrophe nicht eintritt.

Indem die SchülerInnen beide Kurzgeschichten lesen und jeweils eine davon den Gruppenmitgliedern vorstellen müssen, sollen ihnen die unterschiedlichen Perspektiven der Geschichten deutlich werden und sie sollen sich auf beide Perspektiven einlassen. Der Arbeitsauftrag für die Gruppenarbeit fordert von den SchülerInnen Kenntnis der beiden Geschichten und gleichzeitig ein differenziertes Einzelverständnis.

Mögliche Ergebnisse:

1. „Mittagspause": gut aussehend; hat viele Freunde; weiß, was sie will; unsicher; nervös; verträumt
   „Die Tochter": groß; feine Haut; lieb; verschlossen

2. „Mittagspause": Eltern wissen, dass sie schön ist, sehen es aber nicht gern; Vater will ihr Bestes, Mutter hat Angst
   „Die Tochter": Vater ist einfacher Arbeiter; für sie steht die Tochter im Mittelpunkt ihres Lebens; vermuten, wie die Tochter lebt, wissen aber nichts; unsicher; ängstlich

3. „Mittagspause": Eltern machen sich Sorgen um Privatleben der Tochter; Tochter grenzt sich ab, beschwichtigt – Loslösungsprozess
   „Die Tochter": Eltern warten auf Tochter, sie ist Lebensinhalt der Eltern; kennen ihre Tochter nur als Kind, nicht als Heranwachsende; Tochter verweigert sich den Fragen und Ansprüchen der Eltern; Eltern beruhigen sich gegenseitig, haben Angst, Tochter zu verlieren – Loslöcsungsprozess

Nach Erarbeitung der unterschiedlichen Blickwinkel auf den Loslösungsprozess zwischen Tochter und Eltern in beiden Geschichten, soll der produktionsorientierte Schreibauftrag der Hausaufgabe einen weiteren Perspektivwechsel ermöglichen und anregen, nämlich den innerhalb der jeweiligen Geschichte.

Nach dieser Phase sollte die Lehrperson wieder Zeit für die Präsentation der Ergebnisse zur Verfügung stellen und die Portfoliomappen sichten.

Station 7: Analyse (S. 47)

Abschließend steht dann in **Station 7** die erste breiter angelegte Analyse einer Kurzgeschichte auf dem Plan. Um den SchülerInnen die Arbeit und die Auswahl zu erleichtern, sollen sie aus den in dieser Reihe bisher bereits in Einzelpunkten besprochenen Kurzgeschichten eine auswählen und diese zur Grundlage ihrer Analyse machen. Mithilfe des Rückmeldebogens 1 (S. 48) soll zuerst ein/e Mitschüler/in das Arbeitsergebnis begutachten, bevor es dann im Idealfall überarbeitet, zur Rückmeldung und Bewertung vor- bzw. in die Portfoliomappe abgelegt wird.

Sequenz 2: Hinweise zum kooperativen Lernen

Im Jahre 1996 hat das Durham Board of Education in Ontario (Kanada) den Carl-Bertelsmann-Preis als „innovatives Schulsystem" erhalten. Die Bertelsmann-Stiftung würdigte damit die systematische Einführung des kooperativen Lernens in einem Schulbezirk, der im landesweiten Vergleich Ende der 80er-Jahre ganz unten rangierte und der inzwischen durch die veränderte Arbeit in den Klassen- und Lehrerzimmern regelmäßig zu den besten gehört. Einer der Hauptverantwortlichen am Durham Board für die Lehrer- und Schulleiterfortbildung war Norm Green.

Im Zentrum der Innovationsbereitschaft stand für die Schulbehörde in Ontario die Frage nach den Fähigkeiten, die ein Mensch der westlichen Industriegesellschaft des 21. Jahrhunderts erwerben muss, um in ihr erfolgreich leben zu können. Dabei standen Problemlösungskompetenz, Kreativität, komplexes Denken und Teamfähigkeit ganz oben auf der Liste. Der Erwerb dieser *Skills* benötigt neue, angemessene Lernmethoden und -strategien, ebenso wie veränderte Einschätzungs- und Evaluationsinstrumente. Sie sind mehr als ‚nur' eine solide fachliche Qualifikation, sie erfordern soziale Kompetenzen und die Fähigkeit zu selbstverantwortlichem Handeln. Die Behörde in Kanada sah in der Methode des kooperativen Lernens das Konzept, mit dem man diesen Ansprüchen begegnen kann.

Unter kooperativem Lernen versteht man, dass Schülerinnen und Schüler gemeinsam, koordiniert und zielorientiert Informationen und Erfahrungen verarbeiten und in wechselseitiger Hilfestellung verstehen lernen.

Elementar für die Methode des kooperativen Lernens ist der Aufbau des Lernprozesses nach dem Prinzip der Dreigliederung ‚Think – Pair – Share', zu übersetzen als ‚Denken – Austauschen – Vorstellen'.

Diese Gliederung, die für eine Einführungsphase von 10 Minuten genauso ihre Gültigkeit hat wie für den Aufbau von Fragestellungen über mehrere Stunden hinweg, ist grundlegend für das Verständnis von einem effektiven Lernprozess.

Zu Beginn des so verstandenen Lernprozesses steht eine angemessene Zeit für die individuelle Auseinandersetzung mit einer Fragestellung, eine kurze Zeit der Annäherung an das Neue, das Ungewohnte, das mit der Struktur des bereits Gewussten vernetzt werden muss.

Dann folgt der Austausch mit einem Partner oder einer Kleingruppe. Die vorherige individuelle Vernetzung wird unter sozialen Bedingungen neu überdacht, wird relativiert oder bestätigt. Lernen wird als soziales Phänomen verstanden und benötigt Raum für Kommunikation und Austausch.

In einem dritten Schritt steht die Präsentation, das Vorstellen der erzielten Ergebnisse im Zentrum. Das erarbeitete Wissen wird durch Mitteilung und Vortrag aktiviert, gefestigt und gewürdigt.

Damit kommt der Gruppen- oder Teamarbeit eine zentrale Bedeutung bei der Methode des kooperativen Lernens zu, wobei bestimmte, festgelegte Bedingungen für die Gruppenarbeit erfüllt sein müssen, um sie zu einer positiven Erfahrung effektiven Lernens zu machen. Norm Green führt in diesem Zusammenhang folgende Rahmenbedingungen an, die sinnvolle Zusammenarbeit, unterstützende Interaktion und erfolgreiche Problemlösung ermöglichen:

➤ positive Abhängigkeit
➤ individuelle Verantwortlichkeit
➤ Gruppenprozess, der in Richtung einer Optimierung der Ergebnisse führt
➤ soziale Kompetenz zur Steigerung der Effektivität
➤ face-to face-Sitzordnung

Die Hauptaufgabe der Lehrperson, die den Lernprozess durch Materialbereitstellung, Zeitrahmen und Raumplanung initiiert, strukturiert und begleitet, liegt in der Abstimmung und Organisation der Einzel- und Gruppenarbeitsphasen.

Der Gruppenbildungsprozess, die Aufgabenstellung und -verteilung, die Gruppenorganisation, die Rollenverteilung innerhalb der Gruppen bis hin zu Verantwortlichkeiten bei Präsentation und Evaluation, das alles muss vorher gut strukturiert und organisiert sein.

Für die Gruppenarbeit ist weiterhin elementar, dass prinzipiell jeder mit jedem arbeitsfähig und arbeitsbereit sein muss. Die Gruppenzusammensetzung sollte also nicht nur den Schülerinnen und Schülern überlassen bleiben, sondern muss von der Lehrperson geplant und durchgeführt werden (per Zufall, nach Leistungskriterien, nach Geschlechtzugehörigkeit oder anderen Kriterien).

Aufgabe 1: Charakterisierung

Arbeitsblatt (1)

Zeit: 3–4 Unterrichtsstunden

Einzelarbeit: *Lies dir die Kurzgeschichte „Das Brot" von Wolfgang Borchert gründlich durch. Schreibe anschließend eine erste Deutungshypothese auf (drei bis vier Sätze). Beginne folgendermaßen:*

In der Kurzgeschichte „Das Brot" von Wolfgang Borchert aus dem Jahre 1946 geht es um

_____

_____

_____

Partnerarbeit: *Vergleiche nun deine Lösung mit der eines Partners/einer Partnerin. Ihr könnt beide Lösungen für gut befinden, eine dritte aus euren beiden Lösungen kombinieren oder euch für eine von beiden entscheiden.*

Gruppenarbeit: *Vergleicht nun eure Lösungen in der gesamten Gruppe und übertragt zwei Lösungen in den oberen Teil des von der Lehrperson ausgehändigten Plakats.*

Einzelarbeit: *Lies diesen kurzen Text:*

> ## Charakterisierung
>
> Zum Verständnis eines literarischen Textes (z. B. eines Romans, einer Kurzgeschichte, eines Dramas) ist meist die Charakterisierung der Hauptfiguren (eventuell auch interessanter Nebenfiguren) notwendig.
> Durch die Charakterisierung soll deutlich werden, durch welche Merkmale (Aussehen, Angewohnheiten, soziale Rolle, Beruf, Verhaltensweisen, Verhältnis zu anderen Figuren) das Wesen einer literarischen Figur für den Leser/die Leserin vorstellbar wird. Häufig empfiehlt sich eine Vorgehensweise vom Äußeren zum Inneren, vom Erscheinungsbild zum Wesenskern. Dabei ist zu unterscheiden zwischen **direkter** und **indirekter Charakterisierung**.
> Die **direkte Charakterisierung** erfolgt durch den Erzähler oder eine andere Figur innerhalb der Erzählung. Die **indirekte Charakterisierung** ergibt sich aus dem, was eine Figur sagt, und daraus, wie sie handelt. Die indirekte Charakterisierung muss also vom Leser erschlossen werden.
>
> **Beispiel:**
> *Direkte Charakterisierung:* „Nein, es war wohl nichts", echote er **unsicher**. (Z. 40)
> (Der Erzähler charakterisiert den Mann.)
> *Indirekte Charakterisierung:* Und sie sah von dem Teller weg. (Z. 19)
> (Der Leser/die Leserin muss die Handlung der Frau deuten, muss erschließen, was es über die Frau aussagt, dass sie in diesem Moment vom Teller wegsieht.)

Sequenz 2: Kooperatives Lernen

Aufgabe 1: Charakterisierung — Arbeitsblatt (2)

Gruppenarbeit: *Ihr sollt nun eine Charakterisierung der beiden Figuren erarbeiten. Dabei beschäftigen sich zwei Gruppenmitglieder mit der Frau und zwei mit dem Mann. Teilt euch innerhalb der Gruppe entsprechend auf.*

Einzelarbeit: *Lies die Kurzgeschichte noch einmal gründlich durch und unterstreiche Textstellen, die etwas über die jeweilige Figur aussagen (Äußerlichkeiten und Charaktereigenschaften). Unterscheide zwischen Textstellen, die die Figur direkt und Textstellen, die die Figur indirekt charakterisieren (verschiedene Farben/Randbezeichnung, …).*

Partnerarbeit: *Tauscht eure Ergebnisse aus, unterscheidet zwischen indirekter und direkter Charakterisierung, tragt eure Ergebnisse in das Plakat ein (denkt an Zeilenangaben als Textbelege).*

Gruppenarbeit: *Stellt eure Ergebnisse anhand des Plakates den anderen beiden Gruppenmitgliedern vor. Hängt anschließend euer Plakat im Klassen-/Kursraum auf und schaut euch die Ergebnisse der anderen Gruppen an. Besprecht die Ergebnisse im Plenum.*

Hausaufgabe: *Schreibe eine Charakterisierung der beiden Figuren der Kurzgeschichte. Fange mit dem Einleitungssatz und der ersten Deutungshypothese an und charakterisiere dann die beiden Figuren. Denke dabei an die Zeilenangaben als Textbelege. Überprüfe zum Schluss, ob deine Charakterisierungen zu deiner ersten Deutungshypothese passen.*

Partnerarbeit: *Tausche mit einem/r Partner/in die Hausaufgaben aus, lies dir den Text deines/r Mitschülers/in gründlich durch und gib ihm/ihr mithilfe des Rückmeldebogens „Charakterisierung" ein ausführliches Feedback.*

Besprecht anschließend eure beiden Texte und die jeweilige Rückmeldung. Überarbeitet gegebenenfalls euren eigenen Text.

Fügt die Endfassung eures Textes und den Rückmeldebogen für euren eigenen Text dem *Portfolio* bei.

Aufgabe 1: Charakterisierung

Wolfgang Borchert: Das Brot

Plötzlich wachte sie auf. Es war halb drei. Sie überlegte, warum sie aufgewacht war. Ach so! In der Küche hatte jemand gegen einen Stuhl gestoßen. Sie horchte nach der Küche. Es war still. Es war zu still und als sie mit der Hand über das Bett neben sie fuhr, fand sie es leer. Das war es, was es so besonders still gemacht hatte: Sein Atem fehlte. Sie stand auf und tappte durch die dunkle Wohnung zur Küche. In der Küche trafen sie sich. Die Uhr war halb drei.

Sie sah etwas Weißes am Küchenschrank stehen. Sie machte Licht. Sie standen sich im Hemd gegenüber. Nachts. Um halb drei. In der Küche. Auf dem Küchentisch stand der Brotteller. Sie sah, dass er sich Brot abgeschnitten hatte. Das Messer lag noch neben dem Teller. Und auf der Decke lagen Brotkrümel. Wenn sie abends zu Bett gingen, machte sie immer das Tischtuch sauber. Jeden Abend. Aber nun lagen Krümel auf dem Tuch. Und das Messer lag da. Sie fühlte, wie die Kälte der Fliesen langsam an ihr hochkroch. Und sie sah von dem Teller weg.

„Ich dachte, hier wäre was", sagte er und sah in der Küche umher.

„Ich habe auch was gehört", antwortete sie und dabei fand sie, dass er nachts im Hemd doch schon recht alt aussah. So alt, wie er war. Dreiundsechzig. Tagsüber sah er manchmal jünger aus. Sie sieht doch schon alt aus, dachte er, im Hemd sieht sie doch ziemlich alt aus.

Aber das liegt vielleicht an den Haaren. Die machen dann auf einmal so alt.

„Du hättest Schuhe anziehen sollen. So barfuß auf den kalten Fliesen. Du erkältest dich noch."

Sie sah ihn nicht an, weil sie nicht ertragen konnte, dass er log. Dass er log, nachdem sie neununddreißig Jahre verheiratet waren.

„Ich dachte, hier wäre was", sagte er noch einmal und sah wieder so sinnlos von einer Ecke in die andere, „ich hörte hier was. Da dachte ich, hier wäre was."

„Ich hab auch was gehört. Aber es war wohl nichts." Sie stellte den Teller vom Tisch und schnippte die Krümel von der Decke.

„Nein, es war wohl nichts", echote er unsicher.

Sie kam ihm zuhilfe: „Komm man. Das war wohl draußen. Komm man zu Bett. Du erkältest dich noch. Auf den kalten Fliesen."

Er sah zum Fenster hin. „Ja, das muss wohl draußen gewesen sein. Ich dachte, es wäre hier."

Sie hob die Hand zum Lichtschalter. Ich muss das Licht jetzt ausmachen, sonst muss ich nach dem Teller sehen, dachte sie. Ich darf doch nicht nach dem Teller sehen. „Komm man", sagte sie und machte das Licht aus, „das war wohl draußen. Die Dachrinne schlägt immer bei Wind gegen die Wand. Es war sicher die Dachrinne. Bei Wind klappert sie immer."

Sie tappten sich beide über den dunklen Korridor zum Schlafzimmer. Ihre nackten Füße platschten auf den Fußboden.

„Wind ist ja", meinte er. „Wind war schon die ganze Nacht."

Als sie im Bett lagen, sagte sie: „Ja, Wind war schon die ganze Nacht. Es war wohl die Dachrinne."

„Ja, ich dachte, es wäre in der Küche. Es war wohl die Dachrinne." Er sagte das, als ob er schon halb im Schlaf wäre.

Aber sie merkte, wie unecht seine Stimme klang, wenn er log. „Es ist kalt", sagte sie und gähnte leise, „ich krieche unter die Decke. Gute Nacht."

„Nacht", antwortete er und noch: „ja, kalt ist es schon ganz schön."

Dann war es still. Nach vielen Minuten hörte sie, dass er leise und vorsichtig kaute. Sie atmete absichtlich tief und gleichmäßig, damit er nicht merken sollte, dass sie noch wach war.

Aber sein Kauen war so regelmäßig, dass sie davon langsam einschlief.

Als er am nächsten Abend nach Hause kam, schob sie ihm vier Scheiben Brot hin. Sonst hatte er immer nur drei essen können.

„Du kannst ruhig vier essen", sagte sie und ging von der Lampe weg. „Ich kann dieses Brot nicht so recht vertragen. Iss du man eine mehr. Ich vertrag es nicht so gut."

Sie sah, wie er sich tief über den Teller beugte. Er sah nicht auf. In diesem Augenblick tat er ihr leid.

„Du kannst doch nicht nur zwei Scheiben essen", sagte er auf seinen Teller.

„Doch. Abends vertrag ich das Brot nicht gut. Iss man. Iss man."

Erst nach einer Weile setzte sie sich unter die Lampe an den Tisch.

Aus: Wolfgang Borchert: Das Gesamtwerk. Herausgegeben von Michael Töteberg unter Mitarbeit von Irmgard Schindler. Copyright © 2007 by Rowohlt Verlag GmbH, Reinbek bei Hamburg

Aufgabe 1: Charakterisierung Rückmeldebogen 2

für: _____ von: _____ Datum: _____

Kriterien	erfüllt ja/nein	differenzierter Kommentar
Einleitungssatz und Deutungshypothese vorhanden		
Nennt die im Text direkt gemachten Hinweise für die Beschreibung der Frau		Welche?
Nennt und deutet die im Text indirekt gemachten Hinweise für die Charakterisierung der Frau		Welche?
Nennt die im Text direkt gemachten Hinweise für die Beschreibung des Mannes		Welche?
Nennt und deutet die im Text indirekt gemachten Hinweise für die Charakterisierung des Mannes		Welche?
Rückbezug der Ergebnisse auf die erste Deutungshypothese		
Textbelege und Zeilenangaben vorhanden		
Formulierungen und Lesbarkeit des Textes	gut/nicht gut	Begründung
Rechtschreibung	gut/nicht gut	häufig gemachte Fehler:
Das finde ich an deinem Text gut; das wollte ich noch sagen		

Aufgabe 2: Theorie der Kurzgeschichte   Arbeitsblatt

Zeit: 3–4 Unterrichtsstunden

Teilt in der Gruppe die vier kurzen Texte untereinander auf.

Einzelarbeit: Lest euch euren Text sorgfältig durch und formuliert die wichtigsten Aussagen in euren eigenen Worten. (Löst euch also sprachlich von der textlichen Vorlage, so weit es geht, ohne natürlich die inhaltlichen Aussagen zu verändern.) (Zeit: 20–30 Min.)

Wenn alle Gruppenmitglieder fertig sind, erhaltet ihr von der Lehrperson ein vorbereitetes Plakat. Legt das Plakat vor euch auf den Gruppentisch. Jeder hat ein leeres Feld vor sich, in der Mitte des Plakates steht:

Theorie der Kurzgeschichte

Stille Einzelarbeit: Übertragt eure zusammenfassenden Aussagen aus eurem Text in das vor euch liegende Feld. (10 Min.)
Dreht das Plakat anschließend einmal im Uhrzeigersinn, sodass ihr die Notizen eures/r rechten Nachbarn/in vor euch habt. Lest diese durch und ergänzt/erweitert/erläutert/berichtigt/erfragt diese durch eure eigenen Textkenntnisse (max. 10 Min.).
Wiederholt dieses Verfahren noch zweimal, sodass ihr jedes Feld gelesen und kommentiert habt.

Diese Phase sollte wirklich schweigend erarbeitet werden, sodass ihr nur mit Lesen und Schreiben beschäftigt seid.

Gruppenarbeit: Lest jetzt noch mal zusammenfassend, was auf dem Plakat notiert ist, besprecht in der Gruppe die Ergebnisse und einigt euch auf vier bis sechs zentrale Aussagen zur Theorie der Kurzgeschichte, die ihr dann in das mittlere Feld eintragt. Die Gruppe präsentiert diese dann dem Plenum.

Notiert eure sechs zentralen Aussagen zur Theorie der Kurzgeschichte auf ein Extra-Blatt und fügt es eurem *Portfolio* bei.

Aufgabe 2: Theorie der Kurzgeschichte   Texte (1)

Text 1

„Perfekte Romane gibt es nicht. Selbst die besten haben überflüssige Absätze, nicht völlig gelungene Stellen, Momente nachlassender Spannung; immer würde ein guter Lektor Kleinigkeiten finden, die er verbessern könnte. Ein Roman kann nicht vollkommen sein. Eine Kurzgeschichte schon.

Ihrer Knappheit wegen ist sie die schwerste epische Form, gewissermaßen an der Grenze zwischen Epik und Lyrik, ein scharf umrissener Ausschnitt, kein ausgreifendes Panorama, wie selbst der unkonventionellste Roman es noch sein will; eben deshalb ist sie die eigentliche Gattung für Experimente. Einfälle, die zu verschroben wären, um den Leser über Hunderte Seiten zu tragen, können auf der kurzen Strecke glänzend zur Geltung kommen. Sie ist die Form der gebrochenen Erwartungen, die Gattung unvorhergesehener Richtungswechsel und des nicht zu Ende Erklärten, deren Reiz darin besteht, daß Wichtiges ungesagt bleibt und entscheidende Informationen vom Leser selbst gefunden oder erraten werden müssen. Ein durch und durch rätselhafter Roman würde uns zu sehr ermüden, die lange Form verlangt nach mehr Folgerichtigkeit und Zusammenhalt, als das wirkliche Leben bietet. Die Kurzgeschichte aber entwickelte sich seit Chechovs und Kiplings Entdeckung, daß Schlußpointen verzichtbar sind, radikal zur Offenheit hin. [...]

Der Roman ordnet die Welt, die Kurzgeschichte allerdings läßt sie so undurchdringlich stehen, wie sie ist, zugleich fremd und neugeschaffen durch die Kunst der Sprache."

Aus: Von Rätseln erzählen. Daniel Kehlmann über seine Auswahl von dreizehn Kurzgeschichten, in: Literaturen Spezial 1/2008, Friedrich Verlagsgesellschaft, Berlin, S. 4/5 (Aus lizenzrechtlichen Gründen nicht in reformierter Schreibung)

Text 2

Was ist eine Kurzgeschichte? Auf keinen Fall das, was die deutschen Autoren, unterstützt von den Feuilletonredaktionen unserer Tagesgazetten, aus ihr gemacht haben. Denn die Sachbezeichnung Kurzgeschichte ist abgegriffen, sie hat keinen literarischen Klang mehr bei uns. Eine Kurzgeschichte ist hierzulande heute bestenfalls eine x-beliebige kurze Erzählung, eben noch gut, dem Zeitungsleser für ein paar Minuten Zerstreuung zu bieten. Ihre wahren Gesetze sind vergessen, ihre Möglichkeiten unausgenutzt geblieben, ihre Werte verschüttet unter schweren Erzählbrocken und feuilletonistischem Krimskrams. Also, was ist eine Kurzgeschichte? Von der Anekdote trennt sie deren pointierte Verdichtung; die Skizze unterscheidet sich durch ihre Weitmaschigkeit, die Erzählung durch ihren epischen Tiefgang von ihr. Sie ist, grob gesprochen, ein Stück herausgerissenes Leben. Anfang und Ende sind ihr gleichgültig; was sie zu sagen hat, sagt sie mit jeder Zeile. Sie bevorzugt die Einheit der Zeit; ihre Sprache ist einfach, aber niemals banal. Nie reden ihre Menschen auch in der Wirklichkeit so, aber immer hat man das Gefühl, sie könnten so reden. Ihre Stärke liegt im Weglassen, ihr Kunstgriff ist die Untertreibung.

Aus: Wolfdietrich Schnurre: Kritik und Waffe. Zur Problematik der Kurzgeschichte. In: Deutsche Rundschau 87 (1961) Heft 1, S. 61–66

Text 3

Schon durch seine die Zeit organisierende und gliedernde Funktion flößt der Roman wenn nicht gerade Behaglichkeit ein, so jedenfalls Vertrauen. Die Kurzgeschichte verbreitet, wenn nicht gerade Beklemmung, so jedenfalls Skepsis und Misstrauen. Der Roman betreut und behütet den Leser, die Kurzgeschichte nimmt ihn in Anspruch und liefert ihn sich selber aus. Daher lässt sich im Roman Ruhe finden, während die Kurzgeschichte in Unruhe versetzt. Von ihr werden Bedürfnisse nicht erfüllt, sondern provoziert.

Überdies stellen die Erzähler von Kurzgeschichten an die Fantasie, die Aufmerksamkeit und die Intelligenz ihres Publikums hohe Anforderungen: Wie die Autoren mit wenigen Worten eine ganze Welt zeigen wollen, so sind die Leser gezwungen, sich mit nur wenigen Anhaltspunkten und Andeutungen für jenes Bild zu begnügen, das sie sich selbst machen müssen. Während der Roman ganze Städte und Landschaften ins Blickfeld rückt, lassen sich Geschichten eher mit Brücken vergleichen. Und in der Regel verbindet eine Brücke nicht etwa zwei Punkte miteinander, sondern zwei Wege. Das gilt auch für Geschichten. Wo der Weg beginnt, der zu ihnen geführt hat, kann man nicht sehen. Wohin der Weg führen wird, der am anderen Ufer anfängt, kann man nicht ahnen. Eine Geschichte beginnt

Aufgabe 2: Theorie der Kurzgeschichte

Texte (2)

also nie mit ihrem ersten Wort und schließt nie mit ihrem letzten. Zu ihr gehören die Gefühle und Gedanken, von denen sie ausgelöst wurde und die sie auslöst.
Daher beansprucht die Kurzgeschichte ebenso vom Autor wie vom Leser die höchste Konzentration. Wer in einem Roman einen Absatz übersieht, kann hoffen, dass er das ihm Entgangene später doch noch finden werde. [...] Wer aber in einer Kurzgeschichte einen Absatz oder auch nur einen Satz nicht wahrnimmt, riskiert, dass sie ihm unverständlich bleibt. Eben deshalb eignet sich die Kurzgeschichte, der landläufigen Ansicht zum Trotz, weder für die Straßenbahnfahrt noch für die Frühstückspause. Wer es eilig hat, greife zu Romanen. Für Kurzgeschichten muss man Zeit haben.

Marcel Reich-Ranicki: Für Kurzgeschichten muß man Zeit haben. In: Frankfurter Allgemeine Zeitung vom 17.9.1977

Text 4

Es gibt nicht *die* Kurzgeschichte. Jede hat ihre eigenen Gesetze, und diese Form, die Kurzgeschichte, ist mir die liebste. Ich glaube, dass sie im eigentlichen Sinn des Wortes modern, das heißt gegenwärtig ist, intensiv, straff. Sie duldet nicht die geringste Nachlässigkeit, und sie bleibt für mich die reizvollste Prosaform, weil sie auch am wenigsten schablonisierbar ist. Vielleicht auch, weil mich das Problem „Zeit" sehr beschäftigt und eine Kurzgeschichte alle Elemente der Zeit enthält: Ewigkeit, Augenblick, Jahrhundert. Es ist ein ganz verhängnisvoller Irrtum, wenn etwa ein Redakteur zu einem Autor sagt: Schreiben Sie uns doch mal eine Kurzgeschichte. Sie können das doch. Es ist ungefähr so, als wenn er sagte: Holen Sie mir doch mal eben eine Sternschnuppe. Es kann Jahre dauern, ehe ich mit einer Kurzgeschichte zurande komme, das heißt, ehe ich sie hinschreiben kann, denn wenn ich anfange, sie hinzuschreiben, ist sie meistens fertig. Oft fehlt einem eben ein Wort, ein Ausdruck für ein bestimmtes Gefühl oder für eine Person.

Interview mit Heinrich Böll, in: Horst Bienek: Werkstattgespräche mit Schriftstellern. © 1962 Carl Hanser Verlag, München

Sequenz 2: Kooperatives Lernen

Aufgabe 3: Vergleich zweier Kurzgeschichten   Arbeitsblatt (1)

Dauer dieser Einheit: 3–4 Unterrichtsstunden

Verteilt in eurer Vierer-Gruppe die beiden Texte. Zwei Gruppenmitglieder erhalten den Text von Peter Stamm, zwei den von Sylvia Plath.

Einzelarbeit: Lest euch euren Text gründlich durch. Formuliert anschließend Fragen zum Inhalt und zur Form (Sprache, Aufbau). Orientiert euch bei euren Fragen an dem, was euch selbst fremd, unklar, interessant oder bemerkenswert erscheint (drei bis fünf Fragen zum Inhalt, zwei bis drei Fragen zur Form).

Partnerarbeit: Tauscht die Fragen untereinander aus.

Einzelarbeit: Formuliert nun nach einer erneuten Lektüre eures Textes ausführliche Antworten auf die Fragen eures/r Partners/in.

Partnerarbeit: Bearbeitet alle von euch formulierten Fragen, lest euch die Antworten gegenseitig vor, besprecht eventuelle Unklarheiten. Wo seid ihr euch einig, wo bleiben Unterschiede? Einigt euch auf drei (Leit-)Fragen zum Inhalt und zwei Fragen zur Form, von denen ihr glaubt, dass eure beiden Gruppenmitglieder durch deren Beantwortung die Kurzgeschichte besser verstehen können.
(Schreibt die Fragen so auf [zweimal], dass die Gruppenmitglieder sie lesen können, und gebt sie ihnen als Arbeitsauftrag!!)

Hausaufgabe für eine Einzelstunde: Lest die zweite Kurzgeschichte und beantwortet ausführlich und am Text belegt die gestellten Fragen.

Hausaufgabe für eine Doppelstunde: Lest die zweite Kurzgeschichte und beantwortet ausführlich und am Text belegt die gestellten Fragen (30 Min.). Tauscht nun mit eurem/r Partner/in die Ergebnisse aus.

NÄCHSTE DOPPELSTUNDE:

Gruppenarbeit: *Lest euch in eurer Gruppe nun alle Antworten auf die gestellten Fragen vor und besprecht in der Gruppe die Ergebnisse.
Die wichtigsten Ergebnisse eurer Arbeit sollen dann auf einem Plakat übersichtlich und aussagekräftig festgehalten werden.*

Bestimmt folgende Aufgaben innerhalb der Gruppe:
Gesprächsleiter/in: Achtet darauf, dass alle Ergebnisse vorgetragen werden können, leitet das Gespräch, verteilt die Redebeiträge.
Zeitwächter: Achtet auf die Zeit. Für jede Kurzgeschichte sind ca. 20 Minuten vorgesehen.
Protokollant/in: Macht sich während des Gesprächs Notizen über wichtige Ergebnisse, hält zentrale Gedanken schriftlich fest.
Präsentierer/in: Stellt die Gruppenergebnisse dem Plenum vor.

Aufgabe 3: Vergleich zweier Kurzgeschichten   Arbeitsblatt (2)

Gruppenarbeit: Setzt euch nach der Präsentationsphase im Plenum wieder in eure Gruppen zusammen und sucht euch eines der folgenden Themen für einen Vergleich der beiden Kurzgeschichten aus.
Denkt daran, eure Ergebnisse am Text zu belegen. Ihr könnt euch auch jeweils zu zweit für ein Thema entscheiden. Jedes Gruppenmitglied liefert anschließend einen individuell erarbeiteten Text zu dem gewählten Thema ab. (Hausaufgabe!)

1. Verrat und Vertrauensbruch in den beiden Kurzgeschichten. Gemeinsamkeiten und Unterschiede.

2. Das Motiv des Sees – Welche Bedeutung hat der See in der jeweiligen Geschichte?

3. „Nicht alles muss gesagt sein – Nicht alles kann gesagt werden!" Zeigt auf, wie in den Geschichten Wichtiges deutlich gemacht wird, ohne es direkt zu beschreiben, und wie etwas, das gesagt werden will, nicht die passende Sprache findet.

4. Vergleicht den Ich-Erzähler aus „Am Eisweiher" mit der Erzählerin aus „Ein Tag im Juni". Charakterisiert die beiden Figuren (beachtet direkte und indirekte Hinweise) und vergleicht sie anschließend. Geht dabei besonders auf den Aspekt ein, wie sie selbst zu ihrem „Vertrauensbruch" stehen.

Gruppen- bzw. Partnerarbeit: Tragt euch gegenseitig eure Texte vor, erarbeitet ein Plakat mit den wichtigsten Ergebnissen und tragt sie dem Plenum vor.

Fügt die zehn Fragen (fünf pro Geschichte) und deren Beantwortung eurem *Portfolio* bei, wie auch den Text zu einem der Themen 1–4.

Aufgabe 3: Vergleich zweier Kurzgeschichten — Text 1 (1)

Peter Stamm: Am Eisweiher (1999)

Ich war mit dem Abendzug aus dem Welschland[1] nach Hause gekommen. Damals arbeitete ich in Neuchatel, aber zu Hause fühlte ich mich noch immer in meinem Dorf im Thurgau. Ich war zwanzig Jahre alt.

Irgendwo war ein Unglück geschehen, ein Brand ausgebrochen, ich weiß es nicht mehr. Jedenfalls kam mit einer halben Stunde Verspätung nicht der Schnellzug aus Genf, sondern ein kurzer Zug mit alten Wagen. Unterwegs blieb er immer wieder auf offener Strecke stehen, und wir Passagiere begannen bald, miteinander zu sprechen und die Fenster zu öffnen. Es war die Zeit der Sommerferien. Draußen roch es nach Heu, und einmal, als der Zug eine Weile gestanden hatte und das Land um uns ganz still war, hörten wir das Zirpen der Grillen.

Es war fast Mitternacht, als ich mein Dorf erreichte. Die Luft war noch warm, und ich trug die Jacke über dem Arm. Meine Eltern waren schon zu Bett gegangen. Das Haus war dunkel, und ich stellte nur schnell meine Sporttasche mit der schmutzigen Wäsche in den Flur. Es war keine Nacht zum Schlafen.

Vor unserem Stammlokal standen meine Freunde und berieten, was sie noch unternehmen sollten. Der Wirt hatte sie nach Hause geschickt, die Polizeistunde war vorüber. Wir redeten eine Weile draußen auf der Straße, bis jemand aus einem Fenster rief, wir sollten endlich ruhig sein und verschwinden. Da sagte Stefanie, die Freundin von Urs: „Warum gehen wir nicht im Eisweiher baden? Das Wasser ist ganz warm."

Die anderen fuhren schon los, und ich sagte, ich würde nur schnell mein Fahrrad holen und dann nachkommen. Zu Hause packte ich meine Badehose und ein Badetuch ein, dann fuhr ich hinter den anderen her. Der Eisweiher lag in einer Mulde zwischen zwei Dörfern. Auf halbem Weg kam mir Urs entgegen.

„Stefanie hat einen Platten", rief er mir zu. „Ich hole Flickzeug."

Kurz darauf sah ich dann Stefanie, die an der Böschung saß. Ich stieg ab.

„Das kann eine Weile dauern, bis Urs zurückkommt", sagte ich. „Ich gehe mit dir, wenn du magst."

Wir schoben unsere Fahrräder langsam den Hügel empor, hinter dem der Weiher lag. Ich hatte Stefanie nie besonders gemocht, vielleicht weil es hieß, sie treibe es mit jedem, vielleicht aus Eifersucht, weil Urs sich nie mehr ohne sie zeigte, seit die beiden zusammen waren. Aber jetzt, als ich zum ersten Mal mit ihr allein war, verstanden wir uns ganz gut und redeten über dies und jenes.

Stefanie hatte im Frühjahr die Matura[2] gemacht und arbeitete bis zum Beginn ihres Studiums im Herbst als Kassiererin in einem Warenhaus. Sie erzählte von Ladendieben und wer im Dorf immer nur die Aktionen[3] und wer Kondome kaufe. Wir lachten den ganzen Weg.

Als wir beim Weiher ankamen, waren die anderen schon hinausgeschwommen. Wir zogen uns aus, und als ich sah, dass Stefanie keinen Badeanzug dabeihatte, zog auch ich meine Badehose nicht an und tat, als sei das selbstverständlich. Der Mond war nicht zu sehen, aber unzählige Sterne und nur schwach die Hügel und der Weiher.

Stefanie war ins Wasser gesprungen und schwamm in eine andere Richtung als unsere Freunde. Ich folgte ihr. Die Luft war schon kühl gewesen und die Wiese feucht vom Tau, aber das Wasser war warm wie am Tag. Nur manchmal, wenn ich kräftig mit den Beinen schlug, wirbelte kaltes Wasser hoch. Als ich Stefanie eingeholt hatte, schwammen wir eine Weile nebeneinander her, und sie fragte mich, ob ich in Neuchatel eine Freundin hätte, und ich sagte nein.

„Komm, wir schwimmen zum Bootshaus", sagte sie.

Wir kamen zum Bootshaus und schauten zurück. Da sahen wir, dass die anderen wieder am Ufer waren und ein Feuer angezündet hatten. Ob Urs schon bei ihnen war, konnten wir aus der Entfernung nicht erkennen. Stefanie kletterte auf den Steg und stieg von dort auf den Balkon, von dem wir als Kinder oft ins Wasser gesprungen waren. Sie legte sich auf den Rücken und sagte, ich solle zu ihr kommen, ihr sei kalt. Ich legte mich neben sie, aber sie sagte: „Komm näher, das hilft ja so nichts."

Wir blieben eine Zeitlang auf dem Balkon. Inzwischen war der Mond aufgegangen und schien so hell, dass unsere

---

[1] schweiz.: französische Schweiz
[2] schweiz.: Abitur
[3] schweiz.: Sonderangebote

Aufgabe 3: Vergleich zweier Kurzgeschichten — Text 1 (2)

Körper Schatten warfen auf dem grauen, verwitterten Holz. Aus dem nahen Wald hörten wir Geräusche, von denen wir nicht wussten, was sie bedeuteten, dann, wie jemand auf das Bootshaus zuschwamm, und kurz darauf rief Urs: „Stefanie, seid ihr da?"

Stefanie legte den Finger auf den Mund und zog mich in den Schatten des hohen Geländers. Wir hörten, wie Urs schwer atmend aus dem Wasser stieg und wie er sich am Geländer hochzog. Er musste nun direkt über uns sein. Ich wagte nicht, nach oben zu schauen, mich zu bewegen.

„Was machst du da?" Urs kauerte auf dem Geländer des Balkons und blickte auf uns herab. Er sagte es leise, erstaunt, nicht wütend, und er sagte es zu mir.

„Wir haben gehört, dass du kommst", sagte ich. „Wir haben geredet, und dann haben wir uns versteckt, um dich zu überraschen."

Jetzt schaute Urs zur Mitte des Balkons, und auch ich schaute hin und sah dort ganz deutlich, als lägen wir noch da, den Fleck, den Stefanies und mein nasser Körper hinterlassen hatten.

„Warum hast du das gemacht?", fragte Urs. Wieder fragte er nur mich und schien seine Freundin gar nicht zu bemerken, die noch immer regungslos im Schatten kauerte. Dann stand er auf und machte hoch über uns auf dem Geländer zwei Schritte und sprang mit einer Art Schrei, mit einem Jauchzer, in das dunkle Wasser. Noch vor dem Klatschen des Wassers hörte ich einen dumpfen Schlag, und ich sprang auf und schaute hinunter.

Es war gefährlich, vom Balkon herunterzuspringen. Es gab im Wasser Pfähle, die bis an die Oberfläche reichten, als Kinder hatten wir gewusst, wo sie waren. Urs trieb unten im Wasser. Sein Körper leuchtete seltsam weiß im Mondlicht, und Stefanie, die nun neben mir stand, sagte: „Der ist tot."

Vorsichtig stieg ich vom Balkon hinunter auf den Steg und zog Urs an einem Fuß zu mir. Stefanie war vom Balkon gesprungen und schwamm, so schnell sie konnte, zurück zu unseren Freunden. Ich zog Urs aus dem Wasser und hievte ihn auf den kleinen Steg neben dem Bootshaus. Er hatte am Kopf eine schreckliche Wunde.

Ich glaube, ich saß die meiste Zeit einfach nur da neben ihm. Irgendwann, viel später, kam ein Polizist und gab mir eine Decke, und erst jetzt merkte ich, wie kalt mir war. Die Polizisten nahmen Stefanie und mich mit auf die Wache, und wir erzählten, wie alles gewesen war, nur nicht, was wir auf dem Balkon getan hatten. Die Beamten waren sehr freundlich und brachten uns, als es schon Morgen wurde, sogar nach Hause. Meine Eltern hatten sich Sorgen gemacht.

Stefanie sah ich noch bei der Beerdigung von Urs. Auch meine anderen Freunde waren da, aber wir sprachen nicht miteinander, erst später, in unserem Stammlokal, nur nicht über das, was in jener Nacht geschehen war. Wir tranken Bier, und einer sagte, ich weiß nicht mehr, wer es war, es reue ihn nicht, dass Stefanie nicht mehr komme. Seit sie dabei gewesen sei, habe man nicht mehr vernünftig reden können.

Einige Monate später erfuhr ich, dass Stefanie schwanger war. Von da an blieb ich an den Wochenenden oft in Neuchatel und fing sogar an, meine Wäsche selber zu waschen.

Aus: Blitzeis. Erstmals erschienen bei Arche Verlag, Zürich 1999 © Peter Stamm

Aufgabe 3: Vergleich zweier Kurzgeschichten — Text 2 (1)

Sylvia Plath: Ein Tag im Juni (1949)

Es gibt einen Tag im Leben, den du nie vergisst, so sehr du es auch versuchst. Wenn der Sommer wiederkehrt und es warm genug ist, um paddeln zu gehen, fällt er dir ein. Beim ersten blauen Junitag ist die Erinnerung da, leuchtend, kristallklar, wie durch Tränen gesehen ...

Du gehst mit Linda zum ersten Mal in dieser Jahreszeit zum See, um zu paddeln. Ihr geht hinunter zum Bootshaus ... zu dem Anlegesteg aus faulenden Planken, die sich zum Wasser neigen ... zu den leeren Paddelbooten, die wie flache, schwimmende grüne Erbsenschoten wartend daliegen.

Wackelig steigst du in den Bug, während Linda das Ruder nimmt, und die ganze Zeit tänzelt und hüpft das leichte Boot unter dir, ungeduldig, fortzukommen. Es ist einer dieser vollkommenen Tage im Juni, die du immer zu beschreiben versuchst, aber es gelingt dir nie. Nimm den Geruch von frischgewaschener Wäsche; von trocknendem Himmelstau nach einem Regen; nimm die huschenden Bewegungen des Sonnenlichts auf der Wiese; den kühlen Geschmack von Minze auf der Zunge; das klare Leuchten der Tulpen im Garten; grüne Schatten, sich ins Gelb lichtend, ins Blau verdichtend ... der strahlende Glanz ... die heiße Berührung der Sonne auf deiner Haut ... blendende Sonnenpfeile, die vom tiefen gläsernen Blau des Wassers abprallen ... die Heiterkeit ... Blasen steigen auf, platzen ... die gleitende Bewegung ... der fließende Gesang des Wassers hinter dem Bug ... die tanzend wechselnden Farbsprenkel: all dieses zum Lieben, zum Verehren. Nie wieder solch ein Tag!!

Du paddelst zu einer Bucht ... du treibst ... du lehnst dich zurück und schließt die Augen vor dem Sonnenlicht, heiß liegt es auf deinen Lidern ... du blinzelst in die Sonne, und auf deinen Wimpern spannen sich Netze von Regenbögen. Eingelullt durch das gleichmäßige Lecken der Wellen am Kiel, das Schaukeln ... das Gleiten ... treibt ihr ans Ufer.

Plötzlich hört ihr Stimmen ... unverwechselbar ... Stimmen von Jungen. Ein Schauder der Erregung ist in deinen Adern, eine überraschende Gespanntheit. Hellwach seid ihr auf einmal. Abenteuer sind in Sicht. Du glättest dein Haar und schaust verstohlen um dich. Tatsächlich ... ein anderes Boot fährt hinter euch am Ufer entlang ... zwei Jungen ... Wie kann man die Fahrt verzögern? Wie zufällig anhalten? Die steile Böschung, der ihr entgegentreibt, ist mit Rhododendren bedeckt ... verführerische Büschel scharlachroter und weißer Blüten hängen über dem See und werfen dunkle Schatten auf das Wasser. Mit bebender Stimme sagt Linda: „Lass uns Blumen pflücken." Das reicht ... vier Worte ... und ihr beide versteht euch völlig. Du stellst dich im Boot auf, gefährlich schaukelnd und kichernd, als du dich reckst und die Blüten abreißt ... rücksichtslos die Zweige abbrichst ... ihr lacht die ganze Zeit ... vielleicht ein bisschen zu aufgedreht, aber ihr lacht, pflückt die Blumen und sehnt euch danach, über die Schulter zu blicken, wagt es aber nicht. Eine köstliche Aufregung summt die ganze Zeit in dir. Die Stimmen werden lauter. Einen hört ihr sagen: „Lass uns rüberpaddeln, die Mädchen besuchen." Ihr pflückt den Rhododendron jetzt sorgfältiger, seid bewusst um Grazie und Gleichgültigkeit bemüht. „Hallo, ihr", ruft eine warme männliche Stimme hinter euch. Mit vorgetäuschter Überraschung fahrt ihr herum. „Oh, hallo ...", du tust atemlos und kippst beinahe das Boot, als du dich hinsetzt. Und jetzt? Nervös fragst du dich, wie es weitergehen wird. Aber das Weitere ergibt sich von allein. Du siehst zu Linda, die in aufgeregter Fröhlichkeit kichert und ihr blondes Haar aus den Augen schüttelt. Du siehst zu den beiden Jungs ... von Nahem nicht so gutaussehend ... aber nett.

Die Boote schaukeln, bedeutungsloses Geplauder geht hin und her. Du denkst zurück und kannst dich nicht einmal an deine Worte erinnern. Aber ihr lacht ... wisst, dass sie euch niedlich finden ... wisst, dass sie euch nett finden. Ihr stachelt die Jungs auf, wer von uns kann schneller paddeln? Sie schauen sich lachend an. Wollen wir um die Wette, schlagt ihr vor. Oh, nein, das wäre nicht fair. Einer wird für dich paddeln. Du protestierst vergnügt. Sie bestehen darauf. Heimlich hoffst du, dass der dunkelhaarige Typ zu dir kommt ... Leichtfüßig steigt er in euer Boot und nimmt das Ruder. Buck heißt er. Don, der andere Junge, lässt einen gespielten Seufzer los: „Ich kann nicht allein paddeln." Er guckt Linda an. Geschmeichelt tut sie, als zögere sie, und fragt: „Soll ich?" Aber sie steigt auch um, und alles ist vollkommen. Ihr sitzt den Jungs gegenüber, lehnt euch in die Kissen und tauscht heimliche Blicke befriedigten Stolzes. So etwas ist euch noch nie vorher passiert. Keiner der Jungs aus der Schule ist je so nett zu euch gewesen. Du konzentrierst dich auf Buck. Er ist dünn und blass mit dunklen Augen und strähnigem, schwarzem Haar, aber du

Aufgabe 3: Vergleich zweier Kurzgeschichten   Text 2 (2)

bemerkst sein ungekämmtes Haar, seine Blässe nicht; du siehst nur seine Augen. Hier ist ein Junge ... paddelt dein Boot ... er mag dich.

Sofort ist Buck mit einem träumerischen Schleier umhüllt. Mit jeder Minute wird er anziehender. Du schiebst den bohrenden Gedanken „Was werden die Leute sagen?" beiseite. Du lachst dauernd, gibst dich geheimnisvoll und, wie du findest, kokett.

Die Strahlen der Sonne werden jetzt kühler. Du kannst die Dämmerung nicht zurückdrängen. In der Ferne taucht das Bootshaus auf. Die unausgesprochene Frage erhebt sich gleichzeitig zwischen euch vieren ... wie soll man zahlen? Du hast den unangenehmen Gedanken, die Boote wieder zu tauschen und allein weiterzufahren, aber ein alberner, launischer Teil von dir ist dagegen. Warum nicht seine Macht erproben? Warum nicht? „Was kostet euer Boot?", fragt Buck kurz. Wieder tauschst du mit Linda einen Blick, und ihr seid euch einig. „Kostet?", stammelst du unschuldig. „Muss man das bezahlen?" Es dauert eine Weile, bis ihr die Jungen überzeugt habt, dass ihr ohne Geld seid, aber ihr versteckt die Geldbörsen in den Taschen und haltet euch an die Spielregeln. Buck paddelt voraus und fragt dich mit starrem, brennendem Blick: „Und was hättet ihr gemacht, wenn wir nicht vorbei gekommen wären?" Du siehst ihn an, innerlich schüttelt es dich, Glut hämmert in deinen Schläfen.

Jetzt wird es ein wenig zu ungemütlich. Tränen verlegenen Zorns trüben heiß und nass deine Augen, salzig beißend. Wunderbarerweise wird sein Gesicht sanft. „He, Mensch, nicht weinen. Ich bezahl für uns. Ich will bloß nicht, dass die wissen, dass ich Geld hab." Du fühlst dich mies, sehr klein und gemein angesichts solcher Großzügigkeit. Du möchtest sagen: „Tut mir leid, es ist alles gelogen," aber die Worte kommen einfach nicht heraus. Er vertraut dir jetzt. Sein Gesicht ist freundlich, und du kannst ... willst ... das nicht ändern, indem du ihm die Wahrheit sagst. Oh, Buck, das Gefühl würgt dich. „Hilf mir da raus, wenn wir ankommen, so, als wärst du ein alter Freund, dann denkt der Mann, dass wir uns alle schon ewig kennen."

„Klar doch", sagt er. Das Boot gleitet an den Landesteg, wo der Mann schon wartet. Du kannst ihn nicht ansehen. Mit abgewandtem Kopf kletterst du auf den Steg, kaum dass du merkst, dass Buck dir hinaufgeholfen und den Mann bezahlt hat. Du stürzt davon, beschämt, hasst dich selbst.

Er ruft dir nach. Linda und Don sind eben zusammen angekommen. Ihr geht nebeneinander, und die Jungen folgen euch in dem grünen Dunkel des Waldwegs mit den langen kühlen Schatten. Ihr flüstert. Was kann man machen? Wie könnt ihr gutmachen, dass ihr so gemein gewesen seid? Ihr geht schneller.

Versuch nicht, abzuhauen, sagt Buck ruhig hinter dir. Deine Beine schlottern in unsinniger Panik.

„Ich werd es ihnen sagen", wispert Linda dir zu.

„Nein", zischst du hitzig zurück. Wie kannst du ihr erklären, wie es steht ... dass Buck dir vertraut?

Alles würde verdorben ... zerstört werden. Aber Linda hat sich schon umgedreht. Alle bleiben stehen.

Der Nachmittag ist schwer vom Warten. Du möchtest schreien, ihre reuige Stimme übertönen, als sie zu Buck und Don sagt: „Wir haben nur Spaß gemacht, wir haben Geld dabei, und damit ihr seht, dass wir nicht ganz gemein sind, zahlen wir euch das jetzt zurück." Die Stille ist ekelhaft. Buck kann man jetzt nicht ansehen und Linda nicht sagen, was sie angerichtet hat. Wie kann sie noch weitermachen?

Aber sie kann. „Wenn wir euch das Geld geben, lasst ihr uns dann allein?" Bucks Stimme ist gefährlich ruhig. Er sagt zu dir, allein zu dir: „Dann war das vorhin im Boot alles Theater?" Deine Augen sind starr auf die Straße geheftet. Ein merkwürdig hoher Ton schrillt in deinen Ohren. Du nickst, wortlos. Um dich zerspringt der Nachmittag in Millionen Glassplitter. Schadenfroh steigen sie in grünen, blauen und gelben Farben auf, tanzen und wirbeln um dich herum ... erstickende, glimmende Farbflocken. Du nimmst wahr, dass die Jungen das Geld genommen haben und sich, kleiner und kleiner werdend, auf der Straße entfernen. Du bleibst mit Linda stehen, und ihr schaut ihnen nach. Es ist etwas so Endgültiges um jemand, der eine Straße hinunter verschwindet, sich nicht umdreht, nicht zurückblickt. Linda seufzt mit Befriedigung. Sie hat getan, was nötig war, und betrachtet den Vorfall also als erledigt. Aber du, du gehst langsam neben ihr her, sagst nichts. Wie kannst du je erklären, wie es war. Wie kannst du je erklären, dass du mit mehr betrogen hast als nur mit Geld. Es ist etwas so Trostloses, so Endgültiges um eine leere Straße. Du gehst weiter, sagst nichts.

Aus: Sylvia Plath: Zungen aus Stein. Aus dem Amerikanischen von Julia Bachmann und Susanne Levin. © Frankfurter Verlagsanstalt GmbH, Frankfurt am Main 1989

Lehrerhinweise zu Sequenz 2: Kooperatives Lernen

In dieser Sequenz sollen die SchülerInnen mit Grundprinzipien und Methoden des kooperativen Lernens vertraut gemacht werden. Die drei hier entwickelten Arbeitsphasen stellen die für das kooperative Lernen elementare Gliederung des Lernprozesses in den Mittelpunkt, das Prinzip des „Think – Pair – Share". Des Weiteren werden die SchülerInnen in die Methode des Gruppenpuzzles, in das Placemat-Verfahren und in eine festgelegte Aufgabenverteilung bei Gruppenarbeitsprozessen eingeführt.

Aufgabe 1: Charakterisierung (S. 55 f.)

Inhaltlich beschäftigt sich das Arbeitsblatt mit der Charakterisierung der literarischen Figuren als Grundlage für die Analyse einer Kurzgeschichte. Es ist eher an die Jahrgänge 8 oder 9 gerichtet.

In einem ersten Schritt sollen die SchülerInnen nach der Lektüre der Kurzgeschichte „Das Brot" (S. 57) eine erste Deutungshypothese formulieren. Diese wird sicherlich zum Inhalt haben, dass sich in der Kurzgeschichte ein altes Ehepaar nachts in der Küche gegenübersteht, der Mann heimlich Brot gegessen hat und die Frau, um ihn aus dieser peinlichen Situation zu befreien, so tut, als hätte sie nichts bemerkt. Sie lässt sich auf die Ausrede des Mannes ein, er sei aufgestanden, weil er etwas gehört habe. Am nächsten Tag gibt die Frau dem Mann eine Scheibe Brot mehr, mit der Bemerkung, sie könne das Brot sowieso nicht vertragen. Trotz der Lügen und Täuschungen der Ehepartner zeigt die Geschichte die Nähe und die Liebe eines Paares in der Not der Nachkriegszeit. Je nach Jahrgang und Leistungsstärke werden die Ergebnisse variieren, doch in der Partner- und Gruppenphase sollten sie sich bis zu einem gewissen Grad vervollständigen.

Nach der Besprechung unterschiedlicher Lösungen einigt sich jede Gruppe auf zwei geeignete Einleitungen und überträgt diese auf ein Plakat, das sie von der Lehrperson erhält und das wie folgt aufgebaut ist (mögliche Ergebnisse sind hier bereits kursiv eingetragen):

Einleitung und Deutungshypothese: 1) 2)	
Die Frau Direkte Charakterisierung: – sieht alt aus – die Haare (offen) machen sie alt (Z. 27/28) – hilfsbereit (Z. 41)	**Der Mann** Direkte Charakterisierung: – sieht alt aus, ist 63 Jahre alt (Z. 24) – tagsüber sieht er jünger aus (Z. 24 f.) – lügt seine Frau an, nach 39 Ehejahren (Z. 32 f.) – … „echote er unsicher" (Z. 40) → Stimme klingt unecht, …wenn er lügt (Z. 61)
Indirekte Charakterisierung und Deutung: – „Sein Atem fehlte" (Z. 6) → Sensibilität und Nähe zu ihrem Mann – „Sie fühlte, wie die Kälte der Fliesen langsam an ihr hochkroch." (Z. 18 f.) → Sie fühlt die harte Zeit, die Verhärtung der Lebensumstände – „Und sie sah von dem Teller weg." (Z. 19) → will nicht, dass ihr Mann merkt, dass sie weiß; schützt ihren Mann vor peinlicher Situation – „Du erkältest dich noch." (Z. 42) → Fürsorge – „Iss du man eine mehr, ich vertrag es nicht so gut." (Z. 77) → aufopfernd, hilfsbereit, selbstlos – „In diesem Augenblick tat er ihr leid." (Z. 79) → sensibel, fühlt Mitleid	Indirekte Charakterisierung und Deutung: – „Du erkältest dich noch." (Z. 30) → Fürsorge – „Er sah nicht auf." (Z. 78 f.) → beschämt – „,Du kannst doch nicht nur zwei Scheiben essen'", sagte er auf seinen Teller." (Z. 80) → Er tut so, als wäre er in Sorge, schaut seine Frau aber nicht an, lässt sich auf die Lüge seiner Frau ein

In einem zweiten Schritt, nach der Lektüre des kurzen Einführungstextes auf dem Arbeitsblatt zum Thema Charakterisierung, erarbeiten die SchülerInnen in einem arbeitsteiligen Verfahren die Texthinweise, die sie für die Charakterisierung der beiden Personen der Kurzgeschichte benötigen. Auch hier liegt dem Aufbau des Lernprozesses das Think-Pair-Share-Prinzip zugrunde.
Mögliche Ergebnisse sind oben bereits in das Plakat eingetragen. Die mit diesen Texthinweisen zu schreibende Charakterisierung beider Personen wird dann mittels **Rückmeldebogen 2** (S. 58) in Partnerarbeit ausgetauscht, gewertet und bei Bedarf überarbeitet.
Die SchülerInnen sollen erkennen, dass es kaum direkte Hinweise auf Charaktereigenschaften der Personen gibt, dass fast alles indirekt beschrieben ist und erst erschlossen werden muss (so wie die Eheleute in dieser Situation auch durchgehend auf einer „indirekten" Ebene miteinander kommunizieren). Die Charaktereigenschaften der Frau und des Mannes gleichen sich auffallend, sie kommen nur unterschiedlich zum Ausdruck: Mitleid, Notlüge, Unsicherheit, Alter, Fürsorge, dies alles charakterisiert beide Personen gleichermaßen und das macht eben auch die Nähe und Liebe in einer so langen Beziehung aus und ist die Basis für die Hilfe, die sie sich in der Not geben. Dass die Frau, die aus Taktgefühl bei ihrer „Notlüge" ins Dunkle tritt, am Ende wieder unter die Lampe kommt, zeigt, dass die neue Situation jetzt zum bleibenden Bestandteil ihres neuen Alltags geworden ist.
Im Anschluss an die Rückmeldephase sollte Zeit genug bleiben, zwei oder drei Beispiele im Plenum zu besprechen.

Aufgabe 2: Theorie der Kurzgeschichten (S. 59 – 61)

Das **Arbeitsblatt** (S. 59) organisiert die hier vorgesehene Gruppenarbeit so, dass ein optimales Ergebnis erst dann zustande kommen kann, wenn alle Gruppenmitglieder ihren individuellen Beitrag geleistet haben. Doch auch wenn ein Gruppenmitglied kein Arbeitsergebnis abliefert, kann die Restgruppe zu einem befriedigenden Ergebnis kommen, die nicht erbrachte individuelle Leistung fällt aber auf und ist spätestens im Portfolio erkenn- und bewertbar. Doch auch schon vorher zwingt das Placemat-Verfahren jede/n Schüler/in, ein individuelles Arbeitsergebnis in den Gruppenprozess einzubringen und mit den anderen Gruppenmitgliedern in einen thematischen Austausch zu treten. Die vier Texte zu theoretischen Grundlagen der „Kurzgeschichte" (S. 60 f.) nähern sich auf recht unterschiedliche Weise dieser Textsorte, doch lassen sich neben einigen Unterschieden eben auch sehr viele ähnliche, wenn nicht sogar gleiche Kriterien, Gesetzmäßigkeiten, Voraussetzungen und Besonderheiten ausmachen.

In **Text 1** grenzt **Daniel Kehlmann** die Kurzgeschichte vom Roman ab. Er bezeichnet die Kurzgeschichte als die schwerste epische Form, da sie knapp und präzise sein muss. Sie ist ein „scharf umrissener Ausschnitt" (Z. 9) der Welt und bietet Möglichkeiten des Experiments, der „gebrochenen Erwartungen" (Z. 15), ist „die Gattung unvorhergesehener Richtungswechsel und des nicht zu Ende Erklärten" (Z. 15 f.). Sie lässt die Welt ungeordnet und undurchdringlich, schafft sie aber neu „durch die Kunst der Sprache."

Wolfdietrich Schnurre bemängelt in **Text 2**, dass die Kurzgeschichte (Anfang der 60er-Jahre) an „literarischem Klang" (Z. 5) verloren hat, sie hat an Kraft verloren, gerade noch gut genug, dem „Zeitungsleser für ein paar Minuten Zerstreuung zu bieten." (Z. 7 f.) Dabei könnte sie viel mehr sein. Durch Abgrenzung von anderen literarischen Kurzformen kommt Schnurre zu dem Schluss: Die Kurzgeschichte ist ein „Stück herausgerissenes Leben" (Z. 16), ohne Anfang und Ende, mit einfacher, aber nicht banaler Sprache, zeitlich und thematisch reduziert.

Auch im Unterschied zum Roman beschreibt **Marcel Reich-Ranicki** in **Text 3** das, was eine Kurzgeschichte ausmacht. Er betont die hohen Anforderungen, die die Kurzgeschichte an den Autor wie auch an den Leser stellt. Die Kurzgeschichte versetzt den Leser in Unruhe, sie provoziert. Er vergleicht die Kurzgeschichte mit einer Brücke, die weder zeigt, woher der Weg kommt, noch wohin er geht, ein Teil aus einem Ganzen, das ohne Anfang und Ende für sich gesehen werden muss, aber über sich selbst hinaus weitergedacht und weitergefühlt werden muss. Sie fordert höchste Konzentration und in hohem Maße Zeit.

Als „gegenwärtig, intensiv, straff" (Z. 4), so bezeichnet **Heinrich Böll** in **Text 4** die Kurzgeschichte und nennt sie seine Lieblingsform. Sie „duldet nicht die geringste Nachlässigkeit" (Z. 5) und hat trotzdem keine klaren Gesetze. Zeit kristallisiert sich in der Kurzgeschichte und Böll beschreibt den langen Prozess, der nötig ist, um eine Kurzgeschichte zu schreiben.

Durch das stumme Schreibgespräch mit der Placemat-Methode geben die SchülerInnen die Kernthesen ihres Textes wieder, bemerken, dass die Grundthesen auch in den anderen Texten vorhanden sind, Unterschiede höchstens in Nuancen bestehen. So können die Einträge leicht nachvollzogen und gleichzeitig durch unterschiedliche Aspekte angereichert werden.

Durch die zusammenfassende Besprechung im Anschluss an die „stumme Schreibphase" schälen sich die Hauptaspekte heraus und werden in das mittlere Feld als Arbeitsergebnis der Gruppe eingetragen.

Theorie der Kurzgeschichte:
– Ausschnitt aus der Welt ohne Anfang oder Ende
– knapp, präzise, reduziert
– hohe Anforderungen an sprachliche Gestaltung
– Bedeutung jedes Satzes, jedes Wortes
– Konzentration beim Lesen, keine Nachlässigkeit bei Leser und Autor
– Ort für Experimente, Unvorhergesehenes, nicht schablonisierbar
– provoziert
– fordert vom Leser Zeit, Fantasie, Mitgestaltung

Aufgabe 3: Vergleich zweier Kurzgeschichten (S. 62–67)

Mit dem **Arbeitsblatt** (S. 62 f.), das sich eher an die Jahrgänge 10 und 11 richtet, vergleichen die SchülerInnen zwei Kurzgeschichten, die thematisch und motivisch sehr eng verbunden sind. In beiden Kurzgeschichten geht es um erste Liebeserfahrungen, um Freundschaften, um Eifersucht, um vermeintlichen Verrat und Vertrauensbruch. In beiden Geschichten spielt ein See eine wichtige Rolle, die Protagonisten gehen dabei in beiden Fällen auf das Wasser, auf unsicheres Terrain.

Auch hier ist der Aufbau des Lernprozesses nach dem Prinzip des „Think – Pair – Share" organisiert, die SchülerInnen nähern sich einer der beiden Geschichten in Einzelarbeit, entwickeln Fragen, die sie an die jeweilige Geschichte stellen. Anschließend tauschen sie sich mit einem/r Partner/in aus und kommen dann als Gruppe erst zum eigentlichen Vergleich, wobei die Gruppe auf die Mitarbeit jedes Gruppenmitgliedes angewiesen ist, um zu einem Gesamtergebnis zu kommen, welches dann wiederum Ausgangspunkt für eine intensive schriftliche Einzelarbeit ist.

Die Fragen, die die SchülerInnen an die Geschichte formulieren sollen, beziehen sich auf Form und Inhalt. Die Du-Schreibweise bei Sylvia Plath wird möglicherweise Thema einer Frage sein, ebenso wie die kalt und distanziert zu nennende Schreibweise Peter Stamms, bei der Andeutungen und Leerstellen dem Leser viel Fantasie und Interpretationsleistung abverlangen. Inhaltlich wird es in beiden Fällen um das Verhalten der Protagonisten gehen. Warum lässt sich der Ich-Erzähler bei Stamm überhaupt auf Stefanie ein? Warum trifft er keine eigenen Entscheidungen, lässt mehr mit sich geschehen, als selbst die Situation zu bestimmen? Was will Urs mit seinem Schrei ausdrücken, mit dieser „Art Schrei"? Welche Rolle spielt das Geld in der Geschichte „Ein Tag im Juni"? Warum sagt Linda, dass sie doch Geld haben und warum ist Buck darüber so erzürnt? Warum kann die Erzählerin diesen Tag nie vergessen?

Durch die Beantwortung der Fragen des/r Partners/in erschließen sich die SchülerInnen den jeweiligen Text inhaltlich und gewinnen gleichzeitig einen ersten Eindruck von formal sprachlichen Aspekten der jeweiligen Geschichte, wobei sie sich sowohl die eigene als auch eine Fremdbetrachtung der Geschichte erarbeiten.

In einer zweiten Phase entscheiden sich die SchülerInnen in einem Gruppenprozess für ein Thema, um die beiden Kurzgeschichten zu vergleichen. Dabei haben sie die Wahl zwischen einer eher inhaltlich, motivisch angelegten Arbeit, einer Untersuchung eher sprachlich formaler Elemente und dem Vergleich zweier Figuren.

Zu Frage 1:

In beiden Kurzgeschichten ist die Grundproblematik die gleiche. In eine „beste Jugendfreundschaft" gleichgeschlechtlicher Art schiebt sich das jeweilige andere Geschlecht als Unruhestifter, wenn nicht gar als Zerstörer. Die Protagonisten sind in beiden Fällen diejenigen, die in Zwiespalt geraten, die sich entscheiden, die beide Beziehungen miteinander vereinbaren müssen oder in Schwierigkeiten kommen.

In Peter Stamms „Am Eisweiher" (S. 64 f.) endet dieser Konflikt tödlich. Stefanie, das einzig erwähnte Mädchen in der Jungenclique, verunsichert und verändert die Verhaltensweisen der Jungs untereinander. Der Ich-Erzähler mag sie nicht besonders, da sie sich scheinbar mit jedem einlässt, zurzeit mit seinem Freund Urs. Doch in dem Moment, in dem er mit ihr alleine ist, wird sie ihm sympathischer und er lässt sich von ihr verführen. Stefanie ist diejenige, die die gesamte ‚Jungenwelt' in der Hand hat: Sie schlägt vor, zum Eisweiher zu fahren, sie hat die Fahrradpanne und Urs ist der Helfer, für den Ich-Erzähler ist sie die, die ihm alle weiteren Entscheidungen abnimmt. Er überlässt sich ihr, und das ist der eigentliche Vertrauensbruch im Hinblick auf seinen Freund Urs. Der Ich-Erzähler trifft keinerlei Entscheidung, weder für Urs, noch wirklich für oder gegen Stefanie. Er „lässt sich auf sie ein", „lässt zu, was Stefanie ihm anbietet". Sie, die junge Frau, ist für den Erzähler interessanter als die Freundschaft zu Urs. Indem er nicht „Nein" sagt, baut sich unter der Oberfläche das auf, was später Urs zum Verhängnis wird. Im Widerspruch zu dieser Entscheidungslosigkeit fordert Urs vom Ich-Erzähler genau diese Verantwortung ein. Auf dem Bootshaus fragt Urs nur den Ich-Erzähler nach seinen Motiven, nicht seine Freundin (Z. 93 und Z. 101 f.). Als Kinder wussten sie, wo die gefährlichen Pfähle waren, und konnten ungefährdet ins Wasser springen. In der jetzigen Situation, unter Einbeziehung der Faktoren Liebe und Sexualität ist das, was sich unter der Oberfläche aufbaut, lebensgefährlich. Der Ich-Erzähler verrät die Freundschaft zu Urs, zerstört sie, weil er sich in diesem Geflecht von Gefühl, Neugierde und Trieb nicht auskennt und keine wirkliche Entscheidung treffen will oder treffen kann.

In Sylvia Plaths Kurzgeschichte „Ein Tag im Juni" (S. 66 f.) ist die Grundkonstellation etwas anders. Die beiden Mädchen sind sich einig: Sie sind sich einig, sich auf ein Abenteuer einlassen zu wollen, sie verstehen sich durch Andeutungen und Blicke, sie sind beste Freundinnen und wollen etwas erleben. Sie sind sich auch noch einig, sich in eine Art Abhängigkeit von Buck und Don zu begeben. Wenn die Jungen die Bootsfahrt bezahlen, ist das ein erster Schritt in Richtung gegenseitige Abhängigkeit oder in Richtung von Vertrautheit, Verbindung, Beziehung. Die Erzählerin trifft, wenn auch verschämt, diese Entscheidung, mit Buck ‚in einem Boot' zu bleiben. Linda will sich und ihre Zweisamkeit mit der Erzählerin wieder freikaufen (Z. 146 ff.). Ihr ‚Verrat' an Linda, indem sie deren Wunsch nach Schweigen übergeht, schafft den Vertrauensbruch zwischen der Erzählerin und Buck, sodass die vorher gemeinsam getroffene Entscheidung der „gemischten" Paare von Linda einseitig wieder rückgängig gemacht wird. Linda zeigt sich zufrieden, dieses Zwischenspiel beendet zu haben, für die Erzählerin bleibt mit dem Konflikt, betrogen zu haben, ein Gefühl, das sie nicht erklären kann, das aber etwas Trostloses, Endgültiges hinterlässt (Z. 170) und das sie nicht vergessen kann (Z. 1).

Beide Geschichten thematisieren den Vertrauensbruch in Beziehungen, in ersten Erfahrungen mit Liebe, Sexualität, Partnerschaft. Wo in „Am Eisweiher" die Beziehung der „alten Freunde" in den Fokus rückt, findet bei Sylvia Plath der Vertrauensbruch auf der Ebene der „neuen Beziehung" statt. Der Abschluss beider Geschichten zeigt, dass die jeweiligen Erfahrungen prägend sind, aber nicht bewusst verarbeitet werden. „Du gehst weiter, sagst nichts" (Z. 171) ist ebenso verdrängt wie „(v)on da an blieb ich an den Wochenenden oft in Neuchatel und fing sogar an, meine Wäsche selbst zu waschen." (Z. 139 ff.)

Zu Frage 2:
Bei der Gegenüberstellung der Bedeutung des Sees sind folgende Aspekte zu erwarten:
Bei Sylvia Plath „Ein Tag im Juni" ist die Fahrt im Boot die entscheidende Situation auf dem Wasser. Das Boot ist Schutz und Hort der Verunsicherung zugleich. Zum Ausdruck kommen:
- Verführung, Natur: „..., *schwimmende grüne Erbsenschoten wartend dalagen.*" (Z. 10 f.)
- Unsicherheit, Neugierde, Spannung: „*Wackelig steigst du in den Bug, während Linda das Ruder nimmt, und die ganze Zeit tänzelt, hüpft das leichte Boot unter dir, ungeduldig, fortzukommen.*" (Z. 12 ff.)
- Verführung und Bedrohung: „*... verführerische Büschel scharlachroter und weißer Blüten hängen über dem See und werfen dunkle Schatten auf das Wasser.*" (Z. 43 ff.)
- reizvolle Gefahr, Abenteuer: „*Du stellst dich im Boot auf, gefährlich schaukelnd und kichernd, ...*" (Z. 48 f.)
- Wettstreit, Herausforderung: „*..., wer von uns kann schneller paddeln?*" (Z. 71)
- Führung: *Erst paddelt Linda, später Buck das Boot der Erzählerin.* (Z. 76)

Bei Peter Stamm ist es der Eisweiher, der die gegensätzliche Gemütslage des Ich-Erzählers zum Ausdruck bringt:
- Vertrautheit und Veränderung: *Wasser ist warm und kalt zugleich. Warm an der Oberfläche, doch bei Bewegung,* „*wenn ich kräftig mit den Beinen schlug, wirbelte kaltes Wasser hoch.*" (Z. 62 ff.)
- Zwischenraum, Übergang, verdeckt: „*Der Eisweiher lag in einer Mulde zwischen zwei Dörfern.*" (Z. 32 f.)
- Ort der Gefahr, des Todes: „*Es gab im Wasser Pfähle, die ...*" (Z. 109 ff.)
- Bootshaus ist Insel im See, die sowohl für die Kindheit Bedeutung hatte, wie auch für die Dreierbeziehung (Z. 69 ff.), Ort der Freundschaft und Ort des Verrats

In beiden Kurzgeschichten steht der See bzw. das Wasser für die unsichere Lebenssituation zwischen Jugend und Erwachsensein, in der sich alle Figuren befinden. Dieser Bruch in der Entwicklung der Protagonisten wird durch Verspieltheit und Bedrohung, durch Vertrautheit und Unsicherheit, durch Wärme und Kälte des Wassers symbolisiert.

Zu Frage 3:
Hier steht die unterschiedliche Erzählweise der beiden Kurzgeschichten im Mittelpunkt der Bearbeitung durch die SchülerInnen.
Der **„innere Monolog"** des Textes von Sylvia Plath zeigt ihr Ringen um Wörter, ihren Versuch, das Unbekannte, Neue, Verwirrende der Gemüts- und Gefühlslage der Protagonistin zu beschreiben, um am Ende festzustellen, dass es ihr nicht gelingt.

Obwohl sich der Eindruck einer Ich-Erzählweise durch die intensive Beschreibung der Wahrnehmungen geradezu aufdrängt, tritt eine Ich-Erzählerin im engeren Sinne nirgendwo in Erscheinung. Die Erzählweise bedient sich durchgehend des von sich selbst ablenkenden und distanzierenden „du". Die Erzählerin erinnert sich an diesen Tag, sie versucht, ihn über alle Sinneswahrnehmungen zu beschreiben, über den Geruch, über Bewegungen, über sein Aussehen und über seinen Klang. In einer sehr poetischen Sprache versucht sie, sich diesen Tag und die Geschehnisse zu vergegenwärtigen, beschreibt detailliert und suchend genau (Z. 16–28). Unterstrichen wird dieses tastende Annähern durch die kurzen Sätze, zum Teil nur Satz- und damit Gedankenfetzen, die in der Form des **Bewusstseinsstroms** eine Nähe zwischen Leser und Erzählerin herstellen, die durch die **direkte Anrede** des Lesers noch intensiviert und komplettiert wird. Der Leser wird durch diese Du-Schreibform förmlich „mit ins Boot genommen" und es wird unterstellt, er oder sie würde sich in ähnlicher Situation genauso verhalten.

Ganz anders der kühl distanzierte Schreibstil Peter Stamms. Der Ich-Erzähler deutet nur an, lässt den Leser über Details im Unklaren, übt sich eher in verkürzender Versachlichung statt in poetischer Ausschmückung: „*Es war keine Nacht zum Schlafen.*" (Z. 19f.) „*Kurz darauf sah ich Stefanie, die an der Böschung saß. Ich stieg ab.*" (Z. 37f.) „*Ich glaube, ich saß die meiste Zeit einfach nur neben ihm. Irgendwann, viel später, kam ein Polizist und gab mir eine Decke, und erst jetzt merkte ich, wie kalt mir war.*" (Z. 121f.) Der Leser erhält keinerlei Einsicht in die Gemütslage des Erzählers. Kein Gedanke über den Tod des Freundes, keine Antwort auf die Frage des Freundes, warum er das getan hat. Sogar das, was er getan hat, bleibt unklar und unbeschrieben, der Leser erhält lediglich einen Hinweis auf einen Fleck, den die Körper hinterlassen haben. (Z. 99) Das sprachliche Hauptmerkmal des Textes sind die Ellipsen, die Aussparungen von Zusammenhängen und Schlussfolgerungen, die zusammenzusetzen dem Leser überlassen bleibt.

Zusammenfassend lässt sich anhand dieser beiden Texte der Unterschied zwischen der **auktorialen und personalen Ich-Erzählweise** exemplarisch erarbeiten.

Zu Frage 4:
Hier sollen die SchülerInnen den/die Ich-Erzähler/in aus den beiden Kurzgeschichten vergleichend charakterisieren. (Je nach Leistungsstand der Gruppe könnte man hier die Anmerkungen aus Aufgabe 1, Arbeitsblatt, S. 55 zur direkten und indirekten Charakterisierung denjenigen geben, die sich für diese Aufgabe entscheiden.) Die wichtigsten Charaktereigenschaften hier stichwortartig:

„Am Eisweiher" – Der Ich-Erzähler:
- noch nicht selbstständig: fühlt sich noch bei Eltern zu Hause (Z. 3), bringt schmutzige Wäsche nach Hause (Z. 19)
- Mitläufer, keine eigene Persönlichkeit: zieht keine Badehose an (Z. 55f.), macht, was Stefanie von ihm will (Z. 75ff.), „Ich folgte ihr." (Z. 60)
- unentschlossen, passiv: „Ich glaube, ich saß die meiste Zeit einfach nur da neben ihm" (Z. 121f.)
- feige, unehrlich: … „und wir erzählten, wie alles gewesen war, nur nicht, was wir auf dem Balkon getan hatten." (Z. 125f.)
- unverantwortlich: kümmert sich nicht um Stefanies Schwangerschaft (Z. 139)
- entwickelt mehr Selbstständigkeit: bleibt in der Stadt, wäscht Wäsche selbst (Z. 140f.)
- denkt nicht mehr daran; kein Gedanke an Urs oder Stefanie; geht wieder zum Alltag über: „Auch meine anderen Freunde waren da, aber wir sprachen nicht miteinander" … (Z. 130ff.)

„Ein Tag im Juni" – Die Erzählerin:
- sensibel, suchend: Versuch, den Tag über alle Sinneswahrnehmungen zu erinnern (Z. 16–28)
- abenteuerlustig; will Neues erleben: „Ein Schauder der Erregung ist in deinen Adern, eine überraschende Gespanntheit. Hellwach seid ihr auf einmal – Abenteuer in Sicht." (Z. 36ff.) „Warum nicht seine Macht erproben? Warum nicht?" (Z. 101f.)
- verspielt, inszenierend: „Mit vorgetäuschter Überraschung fahrt ihr herum." (Z. 59f.), „Du protestierst vergnügt (Z. 74) „Du lachst dauernd, gibst dich geheimnisvoll und, wie du findest, kokett." (Z. 93f.) … „stammelst du unschuldig." (Z. 104f.)
- nervös (Z. 61)
- selbstzweifelnd, wird sich eigener Verantwortung bewusst, aber unfähig, danach zu handeln: „Du siehst ihn an, innerlich schüttelt es dich, Glut hämmert in deinen Schläfen." (Z. 111f.) „Jetzt wird es ein wenig zu ungemütlich. Tränen verlegenen Zorns" … (Z. 113f.) „Du fühlst dich mies, sehr klein und gemein angesichts solcher Großzügigkeit." (Z. 117f.)

Vergleichend lässt sich die unterschiedliche Verarbeitung der Erfahrung durch die jeweiligen Erzähler festhalten. Während die Erzählerin die Geschehnisse nicht vergessen kann, scheint der Ich-Erzähler mit großer Distanz die Geschichte sachlich-kühl wiederzugeben. Während er sowohl bei dem Geschehen selbst wie auch im Nachhinein frei von jedem schlechten Gewissen, von Selbstzweifeln und Selbstvorwürfen ist, fühlt die Erzählerin bereits in der Situation selbst und erst recht in der Erinnerung Skrupel und Zweifel gegenüber ihrer eigenen Handlungsweise.

Sequenz 3: Hinweise zum produktions- und handlungsorientierten Lernen

Der produktions- und handlungsorientierte Ansatz in der Literaturdidaktik hat sich Anfang bis Mitte der 80er-Jahre des vorigen Jahrhunderts aus dem rezeptionsästhetischen Ansatz heraus- und weiterentwickelt. Nicht nur, dass die subjektive Rezeption des Lesenden in den Fokus der Annäherung an und der Auseinandersetzung mit Literatur gestellt wird, der Schüler/die Schülerin soll sich darüber hinaus im gestaltenden Umgang mit Texten nicht nur lesend und analysierend, sondern auch produktiv literarisch und ästhetisch ausdrücken können.

Dieser Ansatz geht davon aus, dass, ganz im Sinne der konstruktivistischen Lerntheorie, die eigene Aktivität des Lernenden intensivere Lernprozesse ermöglicht als bloße Rezeption im Unterrichtsgespräch. Die eigene ästhetische Auseinandersetzung ist in diesem Zusammenhang nicht nur Selbstzweck, sie dient der Entwicklung von Textanalysekompetenz. Allerdings existieren in der literaturdidaktischen Auseinandersetzung unterschiedliche Auffassungen darüber, inwieweit nach einem produktions- und handlungsorientierten Arbeiten immer auch noch eine analytische Erarbeitung des Textes erfolgen muss.

Grundlegend ist allen Ansätzen, dass der jeweilige Text als Anregungspotenzial verstanden wird und bei den SchülerInnen eigene ästhetische, kreative, gestalterische Prozesse initiiert.

Die Art und Weise, wie dies in Aufgaben umgesetzt werden kann, ist sehr vielfältig. Es können Texte umgeschrieben, vervollständigt, weitergeschrieben, mit Überschriften versehen, umgestaltet werden, es können aber auch Texte in andere ästhetische Ausdrucksformen übertragen werden, z. B. als Film, als Bilderroman, als Hörspiel, als szenische Aufführung, als Bild. In allen Fällen werden durch diese Arbeit am Text von den SchülerInnen Leerstellen gefüllt, die die Rezeption des Textes hat entstehen lassen. Diese Arbeitsweise setzt am individuellen Textverständnis der Schüler an und nutzt dieses zur ästhetischen Auseinandersetzung, zur Förderung der Imaginationskompetenz, was wiederum Auswirkungen auf ein intensiveres Textverständnis hat.

Diese offene Herangehensweise an die Auseinandersetzung mit Literatur verlangt auch eine offene Gestaltung der Unterrichtsorganisation.

Handlungsorientiert heißt in diesem Zusammenhang, auf die Selbsttätigkeit der Schüler zu setzen, die sich möglichst ganzheitlich dem Unterrichtsgegenstand annähern, kognitiv, sinnesbetont und affektiv.

Produktionsorientiert betont in diesem Zusammenhang das zielgerichtete, ästhetische Schaffen, das eigene schöpferische Kompetenzen nutzt, um über den persönlichen, kreativen Ausdruck in einen Dialog mit anderen ästhetischen Produkten zu treten.

Kreatives Arbeiten

Arbeitsaufträge (1)

***Gruppenarbeit:** Jede Gruppe entscheidet sich für mindestens zwei der folgenden Arbeitsaufträge, wobei jeweils zwei Teilgebiete abgedeckt sein müssen. Es dürfen also nicht beide Arbeitsaufträge aus nur einem Teilgebiet stammen.*

Ihr habt **bis zum** .... **Zeit**, die Arbeitsaufträge umzusetzen. Achtet auf die Zeiteinteilung, pro Auftrag 5–6 Unterrichtsstunden. Genaue Arbeitsteilung und Verlässlichkeit sind ein Muss! Überlegt, welche Arbeitsschritte als Hausaufgabe erledigt werden können oder müssen. Erstellt pro Arbeitsauftrag ein Protokoll eures Arbeitsprozesses, benutzt dazu das beigefügte Protokollblatt.

Am Beginn eurer Arbeit stehen immer die intensive Lektüre der Kurzgeschichte und ein erster Gedankenaustausch in der Gruppe. Hier sollten Verständnisfragen geklärt und eine erste Deutungshypothese formuliert werden. Dann beginnt die Arbeit am ausgewählten Thema.

Wichtig: Bei Unklarheiten steht der Lehrer/die Lehrerin als Ratgeber/in zur Seite. Fragt nach!

Teilgebiet 1: Text – Bild/Video

1. Erstellen eines Fotoromans

Gliedert die Geschichte in viele sinnvolle Abschnitte und überlegt euch dazu aussagekräftige Bilder. Organisiert dann alle nötigen Schritte, diese Bilder in Fotos umzusetzen. Klärt den Ort, die Requisiten, die Rollen, die Kleidung usw. Entscheidet, ob ihr einen kurzen erklärenden Text unter die Bilder schreiben wollt und/oder ob ihr mit Sprechblasen arbeitet. Achtet darauf, dass der Aufbau, die Grundaussage und der Handlungsverlauf des Textes erkennbar werden.

Statt eines Fotoromans kann, wenn in der Gruppe gute Zeichner sind, auch ein Comic erstellt werden.

Erstellt Kopien des Fotoromans, sodass jedes Gruppenmitglied eine Kopie dem Portfolio beifügen kann. Das Original wird im Klassenraum ausgehängt.

2. Schreiben eines Drehbuches und filmische Umsetzung

Einigt euch auf **eine kurze Szene** aus der Kurzgeschichte, einen Dialog, eine Einstellung. Schreibt dann ein Drehbuch für diese Szene. Wo spielt die Szene, wer bewegt sich von wo nach wo, wer sagt was zu wem, was genau nimmt die Kamera auf? Beschreibt alles so genau wie möglich und setzt euer Drehbuch in einen Film um. Der Film sollte nicht länger als 3–4 Minuten sein.

Erstellt das Drehbuch in Druckform, sodass jedes Gruppenmitglied eine Kopie dem Portfolio beifügen kann.

3. Erstellen einer Collage

Tauscht euch intensiv darüber aus, welche Gefühle die Geschichte in euch geweckt hat. Wie schätzt ihr die Atmosphäre ein, die die Geschichte beschreibt? Wie wirken die Personen auf euch, wie die Handlung? Bringt dann möglichst viele Zeitungen, Illustrierte, Werbe- oder

Sequenz 3: Produktions- und handlungsorientiertes Lernen

Kreatives Arbeiten

Arbeitsaufträge (2)

Reiseprospekte mit sowie Scheren und Klebstoff. Von der Lehrperson erhaltet ihr ein Plakat. Einigt euch dann auf Bilder, Worte, Symbole, Grafiken, Farben etc., die ihr ausschneidet und gestaltend auf das Plakat klebt. Ihr solltet alle Klarheit darüber haben, was mit der Collage zum Ausdruck gebracht werden soll, natürlich in Bezug auf die Kurzgeschichte.

Erstellt Fotos eurer Collage und formuliert die Erklärung schriftlich, beides fügt ihr eurem *Portfolio* bei. Das Original wird im Klassenraum ausgehängt.

Teilgebiet 2: Text – Szene/Theater

1. Entwicklung von Standbildern

Entscheidet euch für drei Szenen aus dem Text, idealerweise vom Anfang, aus der Mitte und vom Ende des Textes. Setzt die jeweilige Szene in ein Standbild um. Entscheidet, wo in der Schule ihr eure Standbilder präsentiert (Flur/Hof/Keller/Klassenzimmer) und stellt die jeweiligen Figuren aussagekräftig auf, die dann schweigend und eingefroren etwa 30 Sekunden in ihrer Position verharren. Ein Gruppenmitglied erklärt dann den Zuschauern, was ihr mit euren Standbildern zum Ausdruck bringen wollt.

Macht von euren Standbildern Fotos, verschriftlicht eure Erläuterungen und fügt beides eurem *Portfolio* bei.

2. Entwicklung eines Bühnenbildes

Stellt euch vor, die gesamte Kurzgeschichte sollte in einem Theater als Stück aufgeführt werden. Entwickelt ein Bühnenbild, das zu diesem Theaterstück passen würde. Wenn ihr in eurer Schule eine Bühne oder Aula habt, nutzt diese, falls nicht, sucht euch irgendeinen Ort in der Schule und gestaltet ihn. Es kommt nicht darauf an, möglichst viele und authentische Requisiten zu haben. Nutzt Stoffe, Tische, Stühle, also möglichst Utensilien, die ihr in der Schule vorfindet. Beratschlagt euch mit eurer Lehrperson. Wichtig ist allerdings, dass ihr eure Entscheidungen schriftlich begründet, mit Bezug auf die Kurzgeschichte.

Fügt eine schriftliche Beschreibung und Erklärung eures Bühnenbildes eurem *Portfolio* bei.

3. Entwicklung einer Dialogszene

Entscheidet euch für eine bestimmte Szene aus der Kurzgeschichte und schreibt diese in Dialogform um. Benutzt dazu auch Regieanweisungen, um den Handlungsverlauf und die Handlungen klar und eindeutig zu beschreiben. Verteilt dann die Rollen und inszeniert euren Dialog als Bühnenstück. Die Regieanweisungen können auch gelesen werden.

Fügt den Dialog eurem *Portfolio* bei.

Vorschlag: Wenn sich eine Gruppe für das Bühnenbild entscheidet, wäre es besonders interessant, wenn die Gruppe mit den Standbildern und/oder die Gruppe mit der szenischen Gestaltung genau dieses Bühnenbild für ihre Präsentation nutzen würde.

Kreatives Arbeiten

Arbeitsaufträge (3)

Teilgebiet 3: Text – Text

1. Schreiben eines inneren Monologs

Einzelarbeit:
Suche dir eine Figur aus der Kurzgeschichte und eine bestimmte Situation aus. Versetze dich dann in die Lage dieser Figur und schreibe einen ‚inneren Monolog', also das, was die Person in dem Moment denkt, was ihr in den Sinn kommt, wie sie das, was gerade passiert, innerlich kommentiert.

Gruppenarbeit:
Tragt euch gegenseitig eure Ergebnisse vor und besprecht sie. Achtet darauf, ob das, was geschrieben wurde, zu der jeweiligen Person in der Situation auch wirklich passt. Überlegt dann, wie ihr eure Texte dem Plenum vorstellen könnt. Entscheidet, wo und wie ihr eure Texte vorlesen wollt.

Fügt den inneren Monolog eurem *Portfolio* bei.

2. Schreibt einen Brief aus der Perspektive einer Hauptfigur

Einzelarbeit:
Drei Wochen nach Beendigung der Situation, die in der Kurzgeschichte beschrieben ist, schreibt eine der Hauptfiguren einen Brief an eine andere Hauptfigur, in dem sie ihre jeweilige Handlungsweise erklärt und begründet. Suche dir die Figur aus und schreibe diesen Brief.

Gruppenarbeit:
Stellt euch eure Briefe innerhalb der Gruppe vor, besprecht sie und bereitet eine Präsentation vor dem Plenum vor.

Fügt euren Brief dem *Portfolio* bei.

3. Erweitert eure Geschichte um einen Zeitraum vorher und nachher

Gruppenarbeit:
Überlegt in der Gruppe, wie ihr die Geschichte „erweitern" könntet. Denkt euch einen Zeitraum vor und einen Zeitraum nach der Geschichte aus und verfasst den passenden Text. Versucht, euren Text sprachlich dem der Kurzgeschichte anzupassen.

Einzelarbeit:
Zwei eurer Gruppe übernehmen den Text, der sich zeitlich vor der eigentlichen Geschichte abspielt, zwei übernehmen den Text für den Zeitraum danach und jeder schreibt dann den Text in Einzelarbeit.

Gruppenarbeit:
Besprecht anschließend in eurer Gruppe alle Texte und entscheidet euch für jeweils eine Version vor und nach der Geschichte oder erstellt eine Kombination. Bereitet eine Präsentation eurer Ergebnisse vor.

Füge deine Version deinem *Portfolio* bei.

Kreatives Arbeiten

Text 1

Ilse Aichinger:
Das Fenster-Theater (1949)

Die Frau lehnte am Fenster und sah hinüber. Der Wind trieb in leichten Stößen vom Fluss herauf und brachte nichts Neues. Die Frau hatte den starren Blick neugieriger Leute, die unersättlich sind. Es hatte ihr noch niemand den Gefallen getan, vor ihrem Haus niedergefahren zu werden. Außerdem wohnte sie im vorletzten Stock, die Straße lag zu tief unten. Der Lärm rauschte nur mehr leicht herauf. Alles lag zu tief unten. Als sie sich eben vom Fenster abwenden wollte, bemerkte sie, dass der Alte gegenüber Licht angedreht hatte. Da es noch ganz hell war, blieb dieses Licht für sich und machte den merkwürdigen Eindruck, den aufflammende Straßenlaternen unter der Sonne machen. Als hätte einer an seinen Fenstern die Kerzen angesteckt, noch ehe die Prozession die Kirche verlassen hat. Die Frau blieb am Fenster.

Der Alte öffnete und nickte herüber. Meint er mich?, dachte die Frau. Die Wohnung über ihr stand leer und unterhalb lag eine Werkstatt, die um diese Zeit schon geschlossen war. Sie bewegte leicht den Kopf. Der Alte nickte wieder. Er griff sich an die Stirne, entdeckte, dass er keinen Hut aufhatte, und verschwand im Inneren des Zimmers. Gleich darauf kam er in Hut und Mantel wieder. Er zog den Hut und lächelte. Dann nahm er ein weißes Tuch aus der Tasche und begann zu winken. Erst leicht und dann immer eifriger. Er hing über die Brüstung, dass man Angst bekam, er würde vornüberfallen. Die Frau trat einen Schritt zurück, aber das schien ihn zu bestärken. Er ließ das Tuch fallen, löste seinen Schal vom Hals – einen großen bunten Schal – und ließ ihn aus dem Fenster wehen. Dazu lächelte er. Und als sie noch einen weiteren Schritt zurücktrat, warf er den Hut mit einer heftigen Bewegung ab und wand den Schal wie einen Turban um seinen Kopf. Dann kreuzte er die Arme über der Brust und verneigte sich. Sooft er aufsah, kniff er das linke Auge zu, als herrsche zwischen ihnen ein geheimes Einverständnis. Das bereitete ihr so lange Vergnügen, bis sie plötzlich nur mehr seine Beine in dünnen, geflickten Samthosen in die Luft ragen sah. Er stand auf dem Kopf. Als sein Gesicht gerötet, erhitzt und freundlich wieder auftauchte, hatte sie schon die Polizei verständigt.

Und während er, in ein Leintuch gehüllt, abwechselnd an beiden Fenstern erschien, unterschied sie schon drei Gassen weiter über dem Geklingel der Straßenbahnen und dem gedämpften Lärm der Stadt das Hupen des Überfallautos. Denn ihre Erklärung hatte nicht sehr klar und ihre Stimme erregt geklungen. Der alte Mann lachte jetzt, sodass sich sein Gesicht in tiefe Falten legte, streifte dann mit einer vagen Gebärde darüber, wurde ernst, schien das Lachen eine Sekunde lang in der hohlen Hand zu halten und warf es dann hinüber. Erst als der Wagen schon um die Ecke bog, gelang es der Frau, sich von seinem Anblick loszureißen.

Sie kam atemlos unten an. Eine Menschenmenge hatte sich um den Polizeiwagen gesammelt. Die Polizisten waren abgesprungen, und die Menge kam hinter ihnen und der Frau her. Sobald man die Leute zu verscheuchen suchte, erklärten sie einstimmig, in diesem Hause zu wohnen. Einige davon kamen bis zum letzten Stock mit. Von den Stufen beobachteten sie, wie die Männer, nachdem ihr Klopfen vergeblich blieb und die Glocke allem Anschein nach nicht funktionierte, die Tür aufbrachen. Sie arbeiteten schnell und mit einer Sicherheit, von der jeder Einbrecher lernen konnte. Auch in dem Vorraum, dessen Fenster auf den Hof sahen, zögerten sie nicht eine Sekunde. Zwei von ihnen zogen die Stiefel aus und schlichen um die Ecke. Es war inzwischen finster geworden. Sie stießen an einen Kleiderständer, gewahrten den Lichtschein am Ende des schmalen Ganges und gingen ihm nach. Die Frau schlich hinter ihnen her.

Als die Tür aufflog, stand der alte Mann mit dem Rücken zu ihnen gewandt noch immer am Fenster. Er hielt ein großes weißes Kissen auf dem Kopf, das er immer wieder abnahm, als bedeutete er jemandem, dass er schlafen wolle. Den Teppich, den er vom Boden genommen hatte, trug er um die Schultern. Da er schwerhörig war, wandte er sich auch nicht um, als die Männer auch schon knapp hinter ihm standen und die Frau über ihn hinweg in ihr eigenes finsteres Fenster sah.

Die Werkstatt unterhalb war, wie sie angenommen hatte, geschlossen. Aber in die Wohnung oberhalb musste eine neue Partei eingezogen sein. An eines der erleuchteten Zimmer war ein Gitterbett geschoben, in dem aufrecht ein kleiner Knabe stand. Auch er trug sein Kissen auf dem Kopf und die Bettdecke um die Schultern. Er sprang und winkte herüber und krähte vor Jubel. Er lachte, strich mit der Hand über das Gesicht, wurde ernst und schien das Lachen eine Sekunde lang in der hohlen Hand zu halten. Dann warf er es mit aller Kraft den Wachleuten ins Gesicht.

Aus: Ilse Aichinger, Der Gefesselte. © S. Fischer-Verlag, Frankfurt/M. 1954

Kreatives Arbeiten

Malin Schwerdtfeger: Mein erster Achttausender (1999)

Wieder einmal kam Mama nachts zurück. Sie beugte sich über mich, küsste mich zwischen die Augen, und mir wurde schlecht von ihrem Geruch nach ranziger Yakbutter, nach Qualm und verdorbenem Magen. Noch halb im Schlaf tippte ich auf Tibet oder Nepal. So widerlich konnte nur jemand riechen, der geradewegs aus Zentralasien kam.

Am nächsten Morgen saß sie am großen Tisch im Esszimmer und rührte Gerstenmehl in ihren Tee.

„Morgen, Schätzchen", sagte sie, als ich hereinkam, „ist es nicht längst Zeit für die Schule?"

„Wir haben Ferien", sagte ich. Ich begann im Esszimmer herumzulaufen und ihre Sachen aufzusammeln, die sie in der Nacht einfach überall hingeschmissen hatte. Matschverkrustete Goretex-Klamotten, Alutöpfe mit angetrockneten Gerstenbreiresten, ein Spezialkocher, die Fotoausrüstung und ihre stinkenden Bergschuhe waren über das ganze Zimmer verteilt. Immerhin hatte sie es noch geschafft, ihren Schlafsack draußen über das Verandageländer zu hängen. Er war bestimmt voller Läuse.

Ich schleppte alles hinaus auf die Veranda. Nur mit dem Kochgeschirr lief ich ins Badezimmer. Ich stellte es in die Wanne und ließ heißes Wasser darüber laufen.

„Setz dich hin", sagte Mama, als ich zurück ins Esszimmer kam. Sie zeigte auf den Stuhl neben sich. „Hast du irgendetwas mitgebracht, wovon ich wissen sollte?", fragte ich und setzte mich ans entgegengesetzte Ende des Tisches. „Läuse, Krätze, Ruhr, Dengue-Fieber?"

„Ich glaube nicht", sagte Mama. „Nur Blasen an den Füßen."

Ich rückte ein paar Stühle weiter vor.

Ich trank meinen Kakao und sah zu, wie sie ihren Tee schlurfte. Sie hatte einen Klumpen Yakbutter in einer schmierigen Plastiktüte vor sich liegen. Davon drehte sie mit den Fingern kleine Stückchen ab, warf sie in den Tee und rührte um, bevor sie den Tee trank.

„Mama", sagte ich schließlich, „wir müssen dir die Haare waschen!"

Während ich fast eine ganze Flasche Pfirsichöl-Pflegespülung in ihre verfilzte Matte einmassierte, erzählte Mama ungefragt von Steinschlägen am Annapurna, Überschwemmungen im Rolwalingtal und Schneestürmen in Solo Khumbu. Sie erzählte von den Wäldern Osttibets, wo es Blutegel regnet, von chinesischen Dorfgefängnissen und betrunkenen Polizisten, von Bussen, die in tiefen Schluchten zerschellen und von den schwarz gefrorenen Gesichtern der Bergsteiger, die in den verrotteten Absteigen von Lukla im Everest-Gebiet auf ihren Rückflug nach Kathmandu warteten. Sie erzählte davon, wie die Höhenkrankheit ihr Gehirn aufweichte, als sie versuchte, den Pumori zu besteigen, und von der dünnen Luft des Himalaja, die das Blut träge macht und an der sich die Lungen wund atmen.

Zwei Stunden später hatte ich den letzten Knoten aus ihren Haaren gekämmt und alle Blasen an ihren Füßen aufgestochen und desinfiziert. Dann war Mama wieder so müde, dass sie sich aufs Sofa legte und sofort einschlief.

Das Telefon klingelte. Es war Arne von *Trekking Guides*.

„Hallo", sagte Arne. „Ist sie da?"

„Sie schläft", sagte ich, „und will nicht gestört werden. Schon gar nicht von euch."

„Sie soll nicht so viel schlafen, lieber schreiben", sagte Arne.

Ich legte einfach auf.

Ich kochte Kaffee für Papa. Dann brachte ich Papa den Kaffee, eine Schüssel Cornflakes und seine Thrombosespritze auf einem Tablett ans Bett.

Im Schlafzimmer war es kühl und dunkel. Aber Papa war schon wach. Sein Laptop warf einen grünlichen Schimmer über die zerwühlte Bettdecke. Papa nannte das, was er machte, Telearbeit, das heißt, er hatte einen Internetanschluss und einen E-Mail-Account und brauchte nie aufzustehen. Ich stellte das Frühstück neben den Laptop auf sein Bett.

„Sie ist wieder da", sagte ich.

„Hab's gehört", sagte Papa.

„Willst du wissen, wo sie war?", fragte ich.

„Es stinkt nach ranzigem Fett. Grönland?", riet Papa.

„Nepal", sagte ich. „Und Tibet. Tibet ohne Einreiseerlaubnis. Sie musste sich nachts über die Grenze schleichen. Sie musste in Nomadenzelten wohnen und sich in verlassenen Bergdörfern verstecken. Einmal hat sie ein Polizist gefunden und ins Gefängnis gesteckt, aber sie hat ihn mit Tschang betrunken gemacht und ist abgehauen."

„Betrunken gemacht?" Papa lachte und schwitzte. „Mit

Kreatives Arbeiten

Text 2 (2)

ihm gebumst wird sie haben. Mit einem dreckigen, besoffenen Chinesen."
Ich nahm die Thrombosespritze, zog die Schutzkappe von der Nadel, schlug die Decke zurück, drückte etwas von Papas Bauchfett mit den Fingern zusammen und gab ihm eine Injektion in die Fettrolle.
„Das ist lieb!", sagte Papa. „Bringst du mir das Bildtelefon?"
Mit der Telearbeit hatte Papa angefangen, als Mama für *Trekking Guides* zu arbeiten begann. Ihren ersten Reiseführer schrieb Mama über den Kaukasus, als ich sechs war. Wir bekamen Postkarten aus dem Gebirge, die andere Reisende für sie in Jerevan oder Tiflis eingesteckt hatten. Manchmal aber hörten wir wochenlang gar nichts von ihr. Als sie wiederkam, brachte sie literweise Armagnac mit und riesige Büschel eines Krauts mit lilafarbenen Blättern. Diese Blätter kaute sie ununterbrochen und tat sie an jedes Essen. Nachts kam sie an mein Bett und erzählte stundenlang von ihren Wanderungen mit den Schafhirten und ließ mich nicht schlafen. Sie erzählte auch von einem Hirten namens Dmitri, in den sie sich verliebt hatte.
Ein paar Monate später verschwand sie wieder. Diesmal, um auf Spitzbergen zu überwintern. Sie teilte ihre Hütte mit Einar, einem Pelztierjäger, der halb Norweger, halb Eskimo war. Von dieser Reise brachte sie fünf Blaufuchsfelle mit, die sie mir vors Bett legte, und diesmal erzählte sie nächtelang vom Packeis, vom Geschmack des schwarzen Seehundfleisches, den Schrecken der langen Polarnacht und den schönen Ablenkungen, mit denen Einar sie während der monatelangen Finsternis vor dem Verrücktwerden bewahrt hatte.
Das war die Zeit, als Papa mit der Telearbeit begann.
Am Nachmittag suchte ich Mama im ganzen Haus. Ich fand sie in der Dunkelkammer. Ich riss die Tür auf und ruinierte einen Abzug: „Mach die Tür hinter dir zu", sagte Mama. „Hat Arne angerufen?"
Ich gab keine Antwort. Arne von *Trekking Guides* war der Mensch, den Papa und ich von allen Menschen auf der Welt am meisten hassten.
Mama machte das Licht am Vergrößerungsapparat an und wieder aus. Sie nahm das belichtete Papier und legte es in die Wanne mit der Entwicklerflüssigkeit. Nach und nach erschien ein Gesicht auf dem Papier. Mama stupste es mit der Zange unter, als wolle sie es ertränken. Dann kam es in den Stopper und zum Schluss in Fixierbad. Ich stellte mich neben Mama. Das Gesicht auf dem Foto war dunkel und glänzte fettig.
„Das ist Lopsang", sagte Mama.
„Deine Mutter ist eine verdammte Ethno-Nutte!", schrie Papa, als ich ihm von Lopsang erzählte. „Bald wird sie sie gar nicht mehr zählen können, die Eskimos, die Indios, all die Madenfresser. Und jetzt hat sie sogar noch einen Yeti in ihrer Sammlung. Herzlichen Glückwunsch!"
„Also, ein Yeti ist er nicht, Papa", sagte ich, „er ist ein Sherpa."
„Mir scheißegal, was dieser Yaktreiber ist! Ich werde jetzt aufstehen und ihr die Meinung sagen. Ich will, dass sie diesen Zuhälter Arne anruft und ihm sagt, dass sie nie wieder für ihn als Trekking-Hure arbeiten wird!"
Er richtete sich mit einem Ruck auf. Ein scharfer Geruch nach Wick Vapo Rub, womit ich ihm gegen seine Atembeschwerden regelmäßig die Brust einrieb, schlug mir entgegen. Papa schnaufte und wischte sich ein paar feuchte Strähnen aus dem Gesicht.
„Nein, mach du das lieber!", keuchte er und ließ sich zurück in die Kissen fallen. „Und sag ihr, sie soll kommen und mir guten Tag sagen."
Ich ging und nahm die volle Bettpfanne mit.
Wie immer am ersten Tag nach Mamas Rückkehr lief ich ununterbrochen zwischen meinen Eltern hin und her. Wie immer verbrachte Mama diesen Tag in der Dunkelkammer und den Abend telefonierend in der Badewanne. Und wie immer lag Papa im Bett und hackte wie verrückt auf seinen Laptop ein.
Als ich die Zinksalbe aus dem Bad holen wollte, um Papas offene Stellen damit einzuschmieren, lag Mama in der Wanne und telefonierte mit Arne. Ich setzte mich leise auf den Wäschepuff und hörte zu. Ich schaute mir ihren Körper an: Er war sehr dünn, muskulös, übersät mit blauen Flecken und Insektenstichen, und an vielen Stellen konnte man die Adern sehen. Jeden Tag saß ich auf dem Hometrainer, damit ich auch solche Muskeln bekäme wie sie.
„Neue Steigeisen und einen Daunenanzug von *Mountain Equipment*", sagte Mama zu Arne, „ein Dreimannzelt von *Wild East*, Eisschrauben und 1 000 Meter Seil. Mein Eispickel muss nur geschärft werden, aber ich brauche noch zwei dazu. Und dreißig Flaschen Sauerstoff."
„Wo willst du hin, Mama?", fragte ich.

Kreatives Arbeiten

Text 2 (3)

„Moment mal", sagte Mama zu Arne. Dann hielt sie die Sprechmuschel zu und sagte zu mir: „Mit Lopsang auf den Everest."

Seit den Vorbereitungen für ihre Neuguinea-Expedition, die sie zu den Menschenfressern in die Sümpfe von Irian Jaya geführt hatte, war Mama nicht mehr so voller Reisefieber gewesen. Zwei Tage lang saß sie über Landkarten gebeugt am Küchentisch und legte Routen fest. Während ich kochte und abwusch, arbeitete sie einen Akklimatisationsplan aus. Sie blätterte und kritzelte in ihrem Kalender herum und versuchte zu berechnen, wie sie ihren Körper am besten den Bedingungen in achttausendachthundertachtundvierzig Metern Höhe über dem Meeresspiegel anpassen könnte. Zwischendurch telefonierte sie immer wieder mit Kathmandu. Die restliche Zeit verbrachte Mama auf dem Hometrainer, oder sie joggte im Park. Morgens nahm sie mich mit ins Hallenbad.

Sie hatte Papa noch immer nicht guten Tag gesagt. Wenn er nach ihr schrie, ging ich zu ihm und gab ihm Johanniskrauttropfen. Wenn er dann immer noch schrie, gab ich ihm Diazepam.

Eines Nachts wachte ich auf, weil mir einfiel, dass Papa seine Einschlafmilch nicht bekommen hatte. Vielleicht weckte mich aber auch das kratzende, schabende Geräusch, das aus der Küche kam. Von Zeit zu Zeit gab es ein Quietschen, wie von einem Messer, das auf einem Teller abrutscht. Ich lief über den dunklen Flur. Hinter Papas Tür brannte noch Licht. Wahrscheinlich konnte er nicht einschlafen ohne seine Milch. In der Küche sah ich Mama sitzen und ihren Eispickel schleifen, sie saß da, in voller Goretex-Montur, drehte mit einer Hand den Schleifstein und hielt mit der anderen die Spitze des Pickels dagegen. Es kratzte und schabte, und Funken sprühten. An ihrem Stuhl lehnte der fertig gepackte Rucksack mit dem baumelnden Kochgeschirr daran. Als Mama mich sah, hörte sie auf zu schleifen.

„Was machst du denn hier?", fragte sie, „warum bist du nicht im Bett?"

„Ich hole nur Papas Milch."

Der Schleifstein drehte sich weiter. „Arne holt mich in einer Viertelstunde ab und bringt mich zum Flughafen", sagte Mama.

„Gut", sagte ich. Dann lief ich zurück in mein Zimmer. Ich holte meinen Rucksack unter dem Bett hervor, riss den Schrank auf, stopfte Pullover, Hosen, Unterwäsche, den Skioverall und meine Schneebrille in den Rucksack. Ich zog das Nachthemd aus und einen Trainingsanzug an, darüber die Daunenjacke. Mit dem Rucksack auf dem Rücken lief ich über den Flur. Hinter Papas Tür hörte ich es schnaufen.

„Liebes", rief Papa, „bist du's? Hast du meine Milch vergessen?"

Ich rannte in die Küche, holte die Milchtüte aus dem Kühlschrank, ein Glas aus der Anrichte und goss so hastig ein, dass etwas auf den Boden kleckerte. Als ich die Tabletten aus der Packung in die Milch drückte, vergaß ich mitzuzählen. Mama sah mir zu.

Mit dem Glas in der Hand lief ich ins Schlafzimmer. „Hier ist deine Milch, Papa", sagte ich. Papa hing schief in den Kissen, und sein Schlafanzug war falsch zugeknöpft. Es sah unbequem aus.

„Wo willst du hin mit dem Rucksack?", fragte Papa, und das hatte mich noch niemand gefragt.

„Meinen ersten Achttausender besteigen", sagte ich.

Als wir im *Trekking Guides*-Jeep saßen und die Straße hinunterfuhren, schaute ich noch einmal zurück. Ich hatte das Licht in der Küche nicht ausgeschaltet. Und gerade, als ich zurückschaute, schob sich ein Schatten vor das erleuchtete Küchenfenster. Der Schatten füllte das erleuchtete Fensterviereck ganz aus. Es war ein sehr großer, sehr breiter, ein riesiger Schatten. Es war wie eine totale Sonnenfinsternis. Papa war aufgestanden.

Aus: „Leichte Mädchen" von Malin Schwerdtfeger © 2001 by Verlag Kiepenheuer & Witsch GmbH & Co. KG, Köln

Kreatives Arbeiten

Bewertungsvorlage/ Rückmeldebogen 3

Sequenz 3: Produktions- und handlungsorientiertes Lernen

Du kennst die Kriterien, die für die Bewertung eurer kreativen Aufgaben von Bedeutung sind. Lies sie dir noch einmal durch und gib dann direkt im Anschluss an die Präsentation deine Bewertung ab.

++ = sehr gut   /   + = gut   /   0 = durchschnittlich   /   – = nicht gut gelungen   /   – – = gar nicht gelungen

Gruppe: .... Thema: ....

Kriterium	++	+	0	–	– –
Textbezug:					
Man kann den Bezug zum Text deutlich erkennen, die Figuren und/oder die Handlung des Textes sind deutlich wiederzuerkennen.					
Die Arbeit zeigt nicht nur, was im Text steht, sondern bringt neue, eigene Sichtweisen mit ein.					
Einheitlichkeit:					
Die Arbeit bleibt in sich klar und logisch aufgebaut. Die Idee, die der Arbeit zugrunde liegt, wird bis zu einem sinnvollen Ende entwickelt.					
Der Veränderung oder Zerstörung dieser Abfolge liegt eine erkennbare Idee oder ein Konzept zugrunde.					
Kreative Mittel:					
Die Arbeit verwendet unterschiedliche kreative Mittel, die zu der Darstellung passen und eine Bedeutung haben.					
Es gibt einige sprachliche oder bildliche Besonderheiten, die zu der Szene, zum Text oder zu der Figur passen.					
Diese Mittel sind gut und gekonnt umgesetzt, ob bei Fotos, im Film, in Szenen oder in Texten.					
Originalität:					
Die Arbeit zeigt einige überraschende und interessante Ideen und Einfälle.					
Die Umsetzung der Arbeit zeigt, dass auch auf Kleinigkeiten geachtet wurde, z. B. bei den Requisiten.					
Darstellungsleistung:					
Die Arbeit zeigt eine gelungene Umsetzung, bei Sprache ist der Ausdruck klar und gut, bei Film und Fotos überzeugt die Qualität der Aufnahmen, bei Szenen die Leistung als Sprecher und Schauspieler, bei Collagen die Sauberkeit.					
Präsentation:					
Die Präsentation der Arbeit ist gelungen, die Aufgabenteilung klar abgesprochen, die Vorführung der Ergebnisse ernsthaft und überzeugend.					
Die Gruppe hat sich für die Präsentation einiges einfallen lassen, hat Ort und Umgebung gut gewählt oder das Präsentationsmaterial gut und sinnvoll aufgearbeitet.					
in der Klasse/im Kurs weitere festgelegte Bewertungskriterien:					

Sequenz 3: Produktions- und handlungsorientiertes Lernen

Kreatives Arbeiten   Analyse 1

Aufgabenstellung:

Einzelarbeit: *Wähle dir eines der unten genannten Themen aus. Lies dir anschließend die Kurzgeschichte noch einmal durch und unterstreiche Textstellen, die für dein Thema wichtig sind. Schreibe dann eine Textanalyse. Beginne mit einem Einleitungssatz und einer kurzen Inhaltsangabe und gehe dann ausführlich auf deine Themenstellung ein (denke an Zitate, Zeilenangaben und genaue Beobachtung von Einzelheiten).*

Ilse Aichinger: Das Fenster-Theater

1. Erläutere die Situation der Frau: Wie fühlt sie sich und wie ist ihr Verhältnis zu ihrer Umgebung?
2. Untersucht das Verhältnis zwischen dem alten Mann und dem Jungen.
3. Vergleicht die Darstellung der drei Fenster im Text. Wie sind sie beschrieben, was spielt sich in ihnen ab und was sagt das über die Personen aus, die dort wohnen?

Gruppenarbeit: *Lest euch eure Texte gegenseitig vor und besprecht sie. Vergleicht besonders die Texte zum gleichen Thema. Gebt allen eine möglichst ausführliche Rückmeldung und überarbeitet dann euren eigenen Text. Wählt einen besonders interessanten Text aus, um ihn im Plenum vorzustellen. Begründet eure Auswahl.*

Fügt euren eigenen, überarbeiteten Text dem *Portfolio* bei.

Kreatives Arbeiten   Analyse 2

Aufgabenstellung:

Einzelarbeit: *Wähle dir eines der unten genannten Themen aus. Lies dir anschließend die Kurzgeschichte noch einmal durch und unterstreiche Textstellen, die für dein Thema wichtig sind. Schreibe dann eine Textanalyse. Beginne mit einem Einleitungssatz und einer kurzen Inhaltsangabe und gehe dann ausführlich auf deine Themenstellung ein (denke an Zitate, Zeilenangaben und genaue Beobachtung von Einzelheiten).*

Malin Schwerdtfeger: Mein erster Achttausender

1. Erläutere das Verhalten der Tochter gegenüber ihrer Mutter und ihrem Vater.
2. Interpretiere das Verhalten des Vaters.
3. Analysiere die Kurzgeschichte unter besonderer Berücksichtigung des Prozesses, den die Ich-Erzählerin im Verlaufe der Geschichte durchlebt.

Gruppenarbeit: *Lest euch eure Texte gegenseitig vor und besprecht sie. Vergleicht besonders die Texte zum gleichen Thema. Gebt allen eine möglichst ausführliche Rückmeldung und überarbeitet dann euren eigenen Text. Wählt einen besonders interessanten Text aus, um ihn im Plenum vorzustellen. Begründet eure Auswahl.*

Fügt euren eigenen, überarbeiteten Text dem *Portfolio* bei.

Kreatives Arbeiten — Protokollblatt

Gruppenmitglieder: _____

Teilgebiet: _____ Arbeitsauftrag: _____

Datum/Std. (Einzel-/ Doppelst.)	Inhalt der Unterrichtsstunde/n	Aufgabenverteilung und Planung für die kommende/n Unterrichtsstunde/n	Evtl. Hausaufgaben
	Lektüre der Kurzgeschichte: _____ Gedankenaustausch, Klärung von Verständnisfragen	Gesprächsleiter/in: Zeitnehmer/in: Protokollant/in:	

Lehrerhinweise zu Sequenz 3: Produktions- und handlungsorientiertes Lernen

In dieser Sequenz stehen je nach Jahrgang zwei unterschiedliche Kurzgeschichten zur Auswahl: Ilse Aichinger „Das Fenster-Theater" (8. und 9. Jahrgang) und Malin Schwerdtfeger „Mein erster Achttausender" (10. und 11. Jahrgang)
Die Arbeitsaufträge (S. 74–76) sind so verfasst, dass der jeweils zugrunde liegende Text nicht explizit erwähnt wird. In dem ein oder anderen Fall brauchen die Arbeitshinweise vielleicht noch Erläuterungen oder Konkretisierungen (Hauptfiguren/entscheidende Situationen/Eingrenzung der Zeitbezüge) durch die Lehrperson.
Die SchülerInnen sollten die Aufgaben möglichst frei wählen können, dabei muss darauf geachtet werden, dass alle technischen Voraussetzungen gegeben sind (Fotoapparate/Cam-Recorder/Requisiten etc.). Diese Fragen sollten mit der jeweiligen Gruppe dann besprochen werden, wenn sie sich für den entsprechenden Arbeitsauftrag entschieden hat.

Die konkreten Ergebnisse der Arbeitsaufträge lassen sich hier nicht im Einzelnen vorhersagen. Einige, wie die eher textbezogenen, sind von ihrer Anlage her mehr an den Ausgangstext gebunden, andere, die Collage etwa, lassen den SchülerInnen mehr Gestaltungsfreiraum für die eigene Kreativität und Fantasie.
Für alle Arbeitsaufträge gilt aber, dass die Ergebnisse einen direkten Bezug zu der jeweiligen Kurzgeschichte haben sollten. Bei der Ideenfindung, in der Planung und der Art der Präsentation sollte den SchülerInnen ein Höchstmaß an Selbstständigkeit und Eigenverantwortung eingeräumt werden, eingeschränkt lediglich durch die Vorgaben des Textes.

Hinweise zur Bewertung kreativer Unterrichtsergebnisse

Die Bewertung kreativer, produktiver Aufgaben wird von vielen KollegInnen als Widerspruch in sich verstanden. Das gilt sicherlich für kreative Aufgaben, die vor allem im Bereich des kreativen Schreibens assoziativ und subjektiv als Hinführung und Sensibilisierung gedacht sind. Hier ist auf eine Bewertung der Ergebnisse zu verzichten. Steht die kreative, produktive Arbeit allerdings in Zusammenhang mit einem Ausgangsimpuls, etwa einem Text, so gibt es sehr wohl Kriterien, die eine Bewertung angemessen erscheinen lassen. Wichtig ist hier vor allem, diese Kriterien von vornherein offenzulegen, sie vor der Arbeit mit den SchülerInnen zu besprechen und auch eine Bewertung durch die Schüler selbst mit einzubeziehen. Optimal ist es natürlich, die Kriterien mit den SchülerInnen gemeinsam festzulegen, wobei die Lehrperson die für sie wichtigsten vorgibt, aber offen für weitere Kriterien der SchülerInnen bleibt. Wenn Sie dies nicht wollen, können Sie die **Bewertungsvorlage/Rückmeldebogen 3** (S. 81) einsetzen.
Es bietet sich an, die Kriterien vor der Arbeitsaufnahme abzusprechen und sie dann an die Arbeitsergebnisse anzulegen.

Folgende Kriterien sind von Bedeutung:
Textbezug:
Hat das Ergebnis mit dem Text zu tun, sind Figuren wiedererkennbar? Stehen Handlungen und Charaktere in sinnvoller Verbindung zu den textlichen Vorgaben, führen z. B. die inneren Monologe zu tieferen Erkenntnissen über die jeweilige Figur, oder wird lediglich beschrieben, was bereits im Text steht? Sowohl bei der textlichen Auseinandersetzung mit dem Ausgangstext wie auch bei der bildlichen gilt es, den Grad an Differenziertheit dieser Auseinandersetzung zu bewerten.

Kohärenz:
Führt das Arbeitsergebnis eine Idee schlüssig und sinnvoll aus, bleibt das Ergebnis in sich schlüssig und stringent? Wenn allerdings Brüche und Verletzungen der Kohärenz auftreten, ist zu fragen, ob sie Teil des Konzeptes und damit geplant sind. Das erschließt sich aus der Deutung des Betrachters oder Lesers, aber auch aus Erklärungen der „Macher".

Stilistische, szenische oder bildhafte Gestaltung:
Je nach Arbeitsauftrag und Textsorte werden unterschiedliche stilistische Qualitäten verlangt, die sich konsequenterweise aus bestimmten kreativen Entscheidungen ergeben. Das können umgangssprachliche Formulierungen sein, die nicht den allgemein stilistischen Normen des Deutschunterrichts angemessen sind. Im Film, im Foto können dies Gesten sein, die nur aus dem besonderen Aspekt heraus künstlerische Bedeutung erhalten. Diese Be-

deutung, diese kreative Leistung gilt es anzuerkennen und zu bewerten.

Originalität:
Bei einigen Aufgaben ist es besonders anzuerkennen, wenn die Ergebnisse ein hohes Maß an Einfallsreichtum aufweisen: Details, Kleinigkeiten, zum Beispiel beim Bühnenbild, bei Requisiten, bei der Gestaltung der Schauplätze. Diese Qualität der Arbeit steht immer in Verbindung mit der Kohärenz, denn alle Einfälle sollten sich funktional auf den Gesamtzusammenhang beziehen.

Darstellungsleistung:
Auch bei kreativen Aufgaben gelten die Normen und Vorgaben für die Rechtschreib- und Ausdrucksleistung. Das bezieht sich auf alle schriftlichen Arbeitsergebnisse, die die SchülerInnen verfassen, aber auch für die anderen Medien gelten Gestaltungs- und Ausdrucksnormen. Die Qualität der Fotos, die ‚Professionalität' der Verfilmung, die saubere Umsetzung der Collage, das alles sind ebenso Normen und Vorgaben für die Gestaltungsleistung eines Produktes.

Präsentationsleistung:
Die Präsentation nimmt bei handlungs- und produktionsorientierten Aufgaben eine herausragende Stellung ein. Hier sollte die Ernsthaftigkeit, der Einfallsreichtum, die funktional eingesetzten Medien, die Überzeugungskraft und die inhaltliche Tiefe und Differenziertheit wichtige Kriterien für die Bewertung sein.

Bei allen Kriterien sollte die Lehrperson sowohl das Einzel- wie auch das Gruppenergebnis der SchülerInnen im Blick haben. Durch das Verfassen individueller Texte, dokumentierte Aufgabenverteilung bei Gruppenarbeiten, individuelle und gruppenspezifische Präsentationsleistung sollte die Lehrperson in der Lage sein, beide für jeden Schüler/jede Schülerin individuell zu bewerten.

Nach der Präsentation der Ergebnisse, für die ausreichend Zeit eingeplant werden sollte, könnte jetzt noch ein analytischer Teil folgen, in dem sich die SchülerInnen mit ihrem ‚kreativen' Wissen mit der jeweiligen Kurzgeschichte auseinandersetzen.

Hierfür sollen sich die SchülerInnen (Sequenz 3 – Arbeitsblatt Analyse, S. 82) unter einem selbst ausgewählten Aspekt schriftlich mit der Kurzgeschichte beschäftigen. Der Einleitungssatz, die kurze Deutungshypothese, die thematische Erschließung und die eigene Stellungnahme stehen hier im Vordergrund.

Analyse (S. 82)

Die Lehrperson muss entscheiden, ob nach dem kreativen Textzugang eine analytische Auseinandersetzung mit der jeweiligen Kurzgeschichte folgen soll. Für beide Entscheidungen gibt es (gute) Gründe. Es soll hier ausdrücklich betont werden, dass sich handlungs- und produktionsorientierter Unterricht und analytisch ausgerichtete Textarbeit nicht widersprechen oder ausschließen, sondern ergänzen. Die Analyseaufgaben sind derart gestellt, dass sie durch den Arbeitsauftrag bereits Kriterien für die Analyse vorgeben, für die unteren Jahrgänge mehr und direkter als für die oberen.

Die Ergebnisse für die einzelnen Aufgaben sind hier kurz skizziert:

Ilse Aichinger: Das Fenster-Theater (S. 77)
Nach Einleitungssatz und kurzer Inhaltsangabe (Situation, Personen, knapper Handlungsverlauf) wird erwartet:

1. Frau lebt alleine, sie ist neugierig, sensationshungrig und ‚gehässig' oder ‚menschenfeindlich' (Z. 3 ff.) „Es hatte ihr noch niemand den Gefallen getan, vor ihrem Haus niedergefahren zu werden."

Sie ist weit entfernt von allem, was die Straße, das Leben ausmacht. „Alles lag zu tief unten." (Z. 7)

Sie bleibt am Fenster, als der Mann gegenüber grüßt; sie fühlt sich angesprochen. Doch als der Mann scheinbar wirklich kommunizieren will, zieht sie sich ins Zimmer (Z. 26) zurück, in ihr Inneres gleichsam. Sie lehnt die Kontaktaufnahme ab.

Auch wenn sich aus sicherer Distanz eine Art „geheimes Einverständnis" (Z. 35) vermuten lässt, die Unberechenbarkeit, Fremdheit ihres Gegenübers beantwortet sie mit der Benachrichtigung der Polizei (Z. 39). Sie fühlt sich bedroht, die Handlungsweise des alten Mannes irritiert und provoziert sie, sie ist verwirrt und fasziniert zugleich. „Denn ihre Erklärung hatte nicht sehr klar und ihre Stimme erregt geklungen. ... Erst als der Wagen schon um die Ecke bog, gelang es der Frau, sich von seinem Anblick loszureißen." (Z. 49 f.) Die Frau reiht sich in die Gruppe der neugierigen „Hausbewohner" ein und schleicht hinter den Polizisten her (Z. 66 f.), um zu erkunden, was mit dem Mann los ist. Sie versteckt sich auch hier hinter den „Ordnungshütern" wie sie sich vorher in ihrem Zimmer versteckt hatte, sie ist nicht in der Lage, offen mit einer Situation umzugehen, die für sie neu, ungewohnt, irritierend ist. Als sie sieht, wie der Mann mit Kissen gestikulierend immer noch mit jemandem kommuniziert, sieht sie nur „über ihn hinweg in ihr eigenes finsteres Fenster ..." (Z. 75 f.). Erst von der gegenüberliegenden Perspektive aus, erst durch die Blickrichtung des Mannes erhält sie die entscheidenden Informationen über ihr eigenes Wohnumfeld, die Werkstatt unter ihrer Wohnung war, wie angenommen, geschlossen, aber, was sie nicht wusste, in die Wohnung über ihr waren neue Mieter eingezogen. Dies unterstreicht noch einmal die soziale Isolation, in der die Frau lebt.

2. Das Verhältnis zwischen dem alten Mann und dem Jungen wird vom Ende der Geschichte heraus erschlossen, da zu Beginn der Leser, wie auch die Frau, nichts von dem Jungen wissen. Aus der Rückschau zeigt sich, dass der Alte mit dem kleinen Jungen spielt, er verkleidet sich, winkt, bringt den Jungen auf der gegenüberliegenden Straßenseite durch Gesten und Mimik zum Lachen (Z. 82 f.). Das Spiel steigert sich, die Gesten werden ausgefallener und allem zugrunde liegt eine freundliche Atmosphäre des Lächelns und des Vergnügens. Doch als die Frau dann die Polizei benachrichtigt, wird aus dem Lächeln ein Lachen. „Der alte Mann lachte jetzt, sodass sich sein Gesicht in tiefe Falten legte, streifte dann mit einer vagen Gebärde darüber, wurde ernst, schien das Lachen eine Sekunde lang in der hohlen Hand zu halten und warf es dann hinüber." (Z. 45–49) An dieser Stelle weiß man noch nicht, dass es das Lachen der Freude ist, das der Alte dem Jungen zuwirft, es könnte auch ein Auslachen sein, das der Handlungsweise der Frau gilt.

Zwischen dem Alten und dem Jungen zeigt sich, trotz räumlicher Entfernung, ein sehr enges Verhältnis, und trotz Altersunterschied gleiche Verhaltensweisen. Ob der Alte dem Jungen zeigt, dass dieser jetzt schlafen soll, oder ob er dem Jungen zeigen will, dass er selbst jetzt schlafen will, bleibt unklar. (Z. 69–71) Beide verbindet aber das Spiel, die Freude, das Lachen und die Begeisterung (Z. 81–83) Und das Lachen der Freude, das der Alte dem Jungen zugeworfen hatte, wirft dieser jetzt zurück, und zwar als hämischen Vorwurf an die „Wachleute", zu denen nicht nur die Polizisten gehören, sondern auch die, die sie geholt haben.

3. Für die Charakterisierung der drei Hauptfiguren ist die jeweilige Beschreibung ihres Wohnungsfensters von großer Bedeutung. Das Fenster der Frau wird zunächst neutral beschrieben: Sie „lehnte am Fenster und sah hinüber." (Z. 1) Sie hat scheinbar noch nicht das Licht in ihrer Wohnung angemacht, sodass man sie nicht sehen kann; ganz anders der Alte auf der gegenüberliegenden Seite. Der knipst das Zimmerlicht an, macht sich sichtbar, öffnet sein Fenster (Z. 16). Der Bezug zu den Straßenlaternen unter der Sonne (Z. 12) und den Kerzen vor der Prozession (Z. 14) unterstreicht die Offenheit, die mit Erhellung des Raumes verbunden ist. Der Mann wartet nicht, bis es wirklich dunkel ist, er zeigt an, dass es ihm nichts ausmacht, gesehen zu werden. Er öffnet sein Fenster und will kommunizieren.

Die Frau bleibt passiv. Sie bleibt zwar am Fenster (Z. 15), macht aber das Licht in ihrer Wohnung nicht an, sie fühlt sich angesprochen, tritt dann aber vom Fenster weg, je intensiver sie die vermeintliche Kontaktaufnahme des Alten spürt. (Z. 20) Erst von der Perspektive des Mannes aus wird ihr klar, dass sie selbst nicht zur Kontaktaufnahme bereit ist, sie sieht in ihr eigenes finsteres Fenster, das keinen Blick in das Zimmer zulässt. (Z. 75 f.).

Das Fenster des Jungen ist so hell erleuchtet wie das des alten Mannes. Der Blick in das Zimmer ist frei, man sieht den Jungen im Gitterbett mit Kissen und Bettdecke. Die erleuchteten Fenster symbolisieren die Offenheit der Figuren, ihre Bereitschaft, sozialen Kontakt aufzunehmen und in Beziehung zu anderen Menschen zu treten. Das finstere Zimmer steht für die Verweigerung sozialer Kontakte und für Missgunst denen gegenüber, die ihre Fenster erleuchten.

Malin Schwerdtfeger: Mein erster Achttausender (S. 78 ff.)
Nach Einleitungssatz und kurzer Inhaltsangabe (Situation, Personen, knapper Handlungsverlauf) wird erwartet:

1. Die Ich-Erzählerin beschreibt ihre Situation, sich „zwischen" ihren Eltern bewegen zu müssen, Verbindungsglied zwischen Vater und Mutter zu sein, die sich weit voneinander entfernt haben, die nicht mehr miteinander kommunizieren und nicht mehr für sich selbst sorgen können. In einem Rollentausch auf unterschiedlichen Ebenen (Mann/Frau – Eltern/Kind) sucht und findet die „Ich-erzählende" Tochter eine eigene Perspektive und löst sich aus der häuslichen Umgebung heraus, um es der Mutter gleichzutun, und sucht die Herausforderung in Abenteuer und Selbstbeweis – sie macht ihren ersten Achttausender.

Der Mutter gegenüber verhält sich die Tochter umsorgend. Sie räumt für sie auf, sie pflegt und reinigt sie (Z. 21 und 37 f.) und wenn sie die eher „kinderangemessene" Frage nach einem Mitbringsel stellt (Z. 25 f.), meint sie weder Spielzeug noch Süßigkeiten, sondern Ungeziefer und Krankheiten. Im Rollentausch nimmt die Tochter gegenüber der abenteuerlustigen, sensationshungrigen, sich selbst etwas beweisen müssenden „jugendlichen" Mutter die eher umsorgende, auffangende, liebevolle, unterstützende „Mutterrolle" ein. „Mama, wir müssen dir die Haare waschen." (Z. 37 f.)

Dem Vater gegenüber verhält sie sich mehr wie eine Krankenschwester. Während sich die Mutter in die Außenwelt flüchtet, verzieht sich der Vater ins Bett, richtet dort seinen Arbeits- und Lebensraum ein, steht nicht mehr auf, liegt sich wund. (Z. 161) Auch hier übernimmt die Tochter als versorgender, organisierender Teil der Familie eher die Erwachsenenrolle gegenüber einem kränkelnden, jammernden, unfähigen Vater. (Z. 164–166).

Die Tochter wird von beiden als Vermittlerin benutzt. „Wie immer nach Mamas Rückkehr lief ich ununterbrochen zwischen meinen Eltern hin und her." (Z. 154 f.) Eine Kommunikation zwischen beiden findet nicht mehr statt (Z. 150–153), beide schicken die Tochter, um ihre Botschaften an den jeweils anderen zu übermitteln.

Da wo die Mutter Grenzen überschreitet (Z. 80), klagt der Vater über Zügellosigkeit und Moralverletzung (Z. 86 f. und 134). Da wo die Mutter Außenkontakte und Welterfahrung aufbaut, verkriecht sich der Vater ins Bett, in die Isolierung. Zwischen diesen beiden extremen Positionen sucht die Tochter nach einem eigenen Weg. Sie schließt sich der Mutter an, ohne aber den Vater aus den Augen zu verlieren. (Z. 126 f.) Sie entscheidet sich, selbst auch auf Expedition zu gehen, sieht aber, dass genau dieser Schritt den Vater dazu gebracht hat, seine Lethargie zu beenden und aufzustehen (Z. 245), wenn auch der sehr große, sehr breite, riesige Schatten (Z. 244), mit dem der Vater das Fenster verdeckt, eine gewisse Bedrohung darstellt.

2. Der Vater verzieht sich in dem Moment ins Bett, in die Isolation, in dem die Mutter das Abenteuer sucht. (Z. 94 f.) Die Selbstverwirklichungsexpeditionen der Frau, der Vorstoß in unbekannte Regionen und exotische Beziehungen, führen beim Vater zu Rückzug und Verweigerung. Er steht nicht mehr auf, verlagert seine Arbeit ins Haus, ins Bett. „Das war die Zeit, als Papa mit der Telearbeit begann." (Z. 117) Die Tochter versorgt ihren Vater rund um die Uhr, wie eine Mutter und Krankenschwester in einer Person. Sie macht ihm das Essen (Z. 65 f.) und pflegt seine Wunden der Trägheit (Thrombosespritze, Salben gegen Wundliegen, Bettpfanne wechseln). Der Vater leidet unter den wechselnden Beziehungen der Mutter, nennt sie eine „Ethno-Nutte" (Z. 134), ist aber zu träge und unentschlossen, aufzustehen und seine Meinung zu sagen. „Nein, mach du das lieber", bleibt als Reaktion des Vaters, der zurück ins Kissen fällt. „Und sag ihr, sie soll kommen und mir guten Tag sagen." (Z. 151 f.). Dieser Versuch, über seine Tochter Kontakt zu seiner Frau aufzunehmen, zeigt die Passivität und Unterwürfigkeit, mit der er versucht, seine Position innerhalb der Familie zu behaupten. Die Abhängigkeit, ohne die von der Tochter gebrachte Milch nicht einschlafen zu können, zeigt seine Hilflosigkeit. Erst als ihn auch seine Tochter verlässt, als niemand mehr da ist, ihn zu um- und zu versorgen, steht er auf und tritt ans Fenster, wenn auch zunächst noch als riesiger Schatten (Z. 244).

3. Die Ich-Erzählerin durchlebt einen Loslösungsprozess von zu Hause, der aber mehr ein Loslösen vom Vater als von der Mutter ist.

Die Tochter erlebt seit ihrem 6. Lebensjahr die Mutter als eine Frau, die sich in einem Prozess der Selbstverwirklichung in Expeditionen, Bergbesteigungen, Erstbegehungen, also als ‚Extremreisende' erfährt. Sie ist für Mann und Tochter immer wieder verschwunden, taucht dann aber wieder auf und berichtet der Tochter von ihren Erlebnissen und Erfahrungen. (Z. 105 f.) Auch wenn die Tochter mehr von ihrer Mutter haben will, mehr Zeit und Aufmerksamkeit, bewundert sie doch deren Mut und Tatkraft. Wo der Vater Fett ansetzt (Z. 90 f.), beneidet sie ihre Mutter um deren Muskeln (Z. 166 f.). Sie erlebt auf der einen Seite eine fordernde, kompromisslos verhandelnde Mutter (Z. 168 f.), auf der anderen Seite einen leidenden, mutlosen und passiven Vater (Z. 145 f.), und je mehr die Mutter ihre Reisetätigkeit ausweitet, desto eingekapselter lebt der Vater.

Der Loslösungsprozess vom Vater, den die Tochter durchlebt, folgt dem Loslösungsprozess der Mutter vom Ehemann. Die Tochter merkt, dass sie nicht so werden will wie ihre Mutter vielleicht vor ihren Expeditionen, und sie weiß, dass sie jetzt ihren ersten Achttausender bezwingen muss (Z. 237). Der Vater ist daher auch der Einzige, dem es auffällt, dass sie den Rucksack gepackt hat.

War vorher noch Arne von *Trekking Guides* der gemeinsame Feind von Vater und Tochter (Z. 123 f.), weil er die Mutter aus der Dreierbeziehung herauslöst, so steigt die Tochter am Ende der Geschichte in den Jeep von Trekking Guides, um auf Expedition zu gehen. Ob die Tochter mit der Mutter auf Tour geht, oder ihren eigenen Weg einschlägt, lässt der Text offen. Deutlich wird nur, dass sie die Versorgung des Vaters aufgegeben hat, auch wenn sie seinen riesigen Schatten noch spürt und dies für sie einer Sonnenfinsternis gleichkommt. Vorerst noch auf jeden Fall.

Sequenz 4: Hinweise zur Methode „Lernen durch Lehren"

Die Methode „Lernen durch Lehren" wurde Anfang der 80er-Jahre von Jean-Pol Martin für den Fremdsprachenunterricht entwickelt. Mittlerweile wurde dieser Ansatz aber auch für andere Unterrichtsfächer erprobt und weiterentwickelt. Als idealtypisch für seinen Ansatz stellt Martin heraus, dass in dieser Form des Unterrichts die SchülerInnen eine Lerneinheit selbständig erschließen und ihren Mitschülern vorstellen, dass sie darüber hinaus prüfen, ob die Informationen wirklich angekommen sind und mittels geeigneter Übungen dafür sorgen, dass der neue Stoff verinnerlicht wird.

Der Lernprozess wird folglich allein von den SchülerInnen eingeleitet und kontrolliert, wenn auch die Lehrperson begleitend und notfalls korrigierend eingreifen kann.

Durch diese Methode wird es den SchülerInnen ermöglicht, die rezeptiven und reaktiven Momente des traditionellen, mehr lehrerzentrierten Unterrichts zu überwinden und durch die Übernahme von Lehrerfunktionen den Unterricht weitgehend aktiv zu gestalten, was als Grundelement eines selbstgesteuerten Unterrichts angesehen werden kann.

Die SchülerInnen sollten von der Lehrperson auf die Vielfältigkeit von methodischen Entscheidungen hingewiesen werden, um nicht in die traditionelle Vortragsmentalität zurückzufallen. „Lernen durch Lehren" bedeutet auch, dass sich die SchülerInnen methodisch-didaktische Kompetenzen aneignen, die über das bekannte Referieren hinausweisen. Es geht bei diesem Ansatz nicht darum, Referate zu halten, Power-Point-Vorträge zu gestalten oder vorbereitete Folien zu präsentieren. Sinn dieser Methode ist es, dass die SchülerInnen durch Arbeitsaufträge, Fragestellungen, inhaltliche Impulse ihre MitschülerInnen in einen Lernprozess begleiten, den sie selbst fachlich und methodisch durchlaufen und aufbereitet haben. Die SchülerInnen übernehmen im besten Sinne die LehrerInnenrolle.

Lerntheoretisch geht der Ansatz von der konstruktivistischen Annahme aus, dass Lernen ein individueller, aktiver Prozess ist, der dann optimiert wird, wenn Gelerntes selbst wieder vermittelt wird. Im Prozess der aktiven Weitergabe festigt sich das Gelernte erst und wird Teil des eigenen Handlungs- und Kompetenzbereichs.

Durch die Methode „Lernen durch Lehren" erwerben die SchülerInnen nicht nur Fach- und Präsentationskompetenzen, sie erwerben gleichzeitig eine Vielzahl sozialer Kompetenzen, die aus der Vermittlung und Interaktion innerhalb der Gruppen, wie auch innerhalb der gesamten Klasse oder des gesamten Kurses initiiert werden.

Der Kritik, dass der zeitliche Aufwand des Öfteren in keinem Verhältnis zu den vermittelten Inhalten steht, ist zu erwidern, dass es bei einer kompetenzorientierten Didaktik von entscheidender Bedeutung ist, welche Fähigkeiten ein/e Schüler/in aktiv entwickelt, sich Inhalte selbst anzueignen und diese dann zu vermitteln, und nicht, dass der Unterricht der Ort ist, an dem Wissen „vermittelt wird".

Die Methode führt zu einer Veränderung der klaren Grenzziehung zwischen Lehrenden und Lernenden. Die ausgebildete Lehrperson gibt in erster Linie kompetente Hilfestellung bei der Auswahl und Durchführung von didaktischen und methodischen Entscheidungen der SchülerInnen.

Der Ansatz steht in engem Zusammenhang mit den Vorstellungen des handlungsorientierten Unterrichts und Unterrichtserfahrungen haben gezeigt, dass die SchülerInnen gerne und mit sehr viel Kreativität, Einfallsreichtum und „schülerorientierten" Zugängen Wege der Vermittlung ihres Wissens finden und umsetzen. Auch wenn die Forderung, „Lernen durch Lehren" zur ausschließlichen Unterrichtsmethode zu machen, auf viele grundsätzliche Bedenken stoßen würde, so stellt diese Methode aber doch eine wesentliche Bereicherung eines an den Interessen der SchülerInnen orientierten Unterrichtens dar.

Schülerunterricht — Arbeitsaufträge

Aufgabenstellung:

Entscheidet euch in 9er-Gruppen für eine der abgedruckten Kurzgeschichten. Lest sie gut durch und tauscht euch in der Gesamtgruppe über erste Deutungshypothesen aus.

Bildet anschließend drei gleich große Untergruppen nach folgenden Kriterien:

- A/1: Erarbeitung eines kreativen Einstiegs in eine Unterrichtsstunde
- A/2: Erarbeitung zentraler Fragestellungen an die Kurzgeschichte
- A/3: Erarbeitung von Hintergrundmaterial zu der Kurzgeschichte

Zu A/1:

Einzelarbeit: Lies dir die Kurzgeschichte noch einmal durch und notiere dir alle Assoziationen und Ideen, die du zum Inhalt der Geschichte hast.

Gruppenarbeit: Tauscht euch in eurer 3er-Gruppe aus. Entwickelt aus euren Ideen einen kreativen Einstieg in eine Unterrichtsstunde, die diese Kurzgeschichte zum Thema hat. Der Einstieg soll die Klasse/den Kurs für die Auseinandersetzung mit der Geschichte interessieren und aktivieren. Plant für ca. 15–20 Minuten Unterricht.
Mögliche Arbeitsaufträge: ein Lesehinweis, ein thematischer Impuls, Vortrags- oder Textvarianten, ein Textausschnitt, o. Ä. Eurer Kreativität sind keine Grenzen gesetzt.

Zu A/2:

Einzelarbeit: Lies die Kurzgeschichte noch einmal durch und notiere dir alle Fragen, Hinweise, Einfälle, die dir zum Verständnis des Textes wichtig erscheinen.

Gruppenarbeit: Tauscht eure Ergebnisse in der 3er-Gruppe aus und einigt euch auf 2–3 Fragestellungen, von denen ihr glaubt, dass sie entscheidend zum Textverständnis beitragen. Erarbeitet dann eine Methode, wie eure MitschülerInnen die Fragestellungen bearbeiten sollen und wie ihr mit den Ergebnissen umgeht (Arbeitsblatt, Tafelbild, Folie, Gruppen- oder Einzelarbeit, u. Ä.). Plant für ungefähr 20–25 Minuten Unterricht.

Zu A/3:

Einzelarbeit: Lies die Kurzgeschichte und den dazu passenden Informationstext durch. Schreibe dir die wichtigsten Thesen aus dem Informationstext heraus. Was sagen diese Thesen in Bezug auf die Kurzgeschichte aus?

Gruppenarbeit: Erarbeitet eine Idee, wie ihr den Informationstext in eurer Klasse/eurem Kurs besprechen wollt. Eure Mitschüler sollen die wichtigsten Thesen selbst erarbeiten und den Bezug zur Kurzgeschichte herstellen. Überlegt euch eine passende Methode und wie ihr mit den Ergebnissen eurer MitschülerInnen umgeht (Arbeitsblatt, Tafelbild, Folie, Einzel- oder Gruppenarbeit, Textarbeit, u. Ä.). Plant für etwa 20–25 Minuten Unterricht.
Wenn die Arbeitsaufträge A1/A2/A3 bearbeitet sind, kommt noch einmal in der 9er-Gruppe zusammen und besprecht den Inhalt und Ablauf eurer Lerneinheit zu der von euch gewählten Kurzgeschichte. Besprecht mit der Lehrperson alle Materialien und Medien, die ihr benötigt und bereitet euch dann auf die Durchführung eurer Lerneinheit vor.

Fügt die Ergebnisse der Einzelarbeit und der Gruppenarbeit eurem *Portfolio* bei.

Schülerunterricht

Walter Helmut Fritz: Augenblicke (1964)

Kaum stand sie vor dem Spiegel im Badezimmer, um sich herzurichten, als ihre Mutter aus dem Zimmer nebenan zu ihr hereinkam, unter dem Vorwand, sie wolle sich nur die Hände waschen.

Also doch! Wie immer, wie fast immer.

Elsas Mund krampfte sich zusammen. Ihre Finger spannten sich. Ihre Augen wurden schmal. Ruhig bleiben!

Sie hatte darauf gewartet, dass ihre Mutter auch dieses Mal hereinkommen würde, voller Behutsamkeit: mit jener scheinbaren Zurückhaltung, die durch ihre Aufdringlichkeit die Nerven freilegt. Sie hatte – behext, entsetzt, gepeinigt – darauf gewartet, weil sie sich davor fürchtete.

– Komm, ich mach dir Platz, sagte sie zu ihrer Mutter und lächelte ihr zu.

– Nein, bleib nur hier, ich bin gleich soweit, antwortete die Mutter und lächelte.

– Aber es ist doch so eng, sagte Elsa, und ging rasch hinaus, über den Flur, in ihr Zimmer. Sie behielt einige Augenblicke länger als nötig die Klinke in der Hand, wie um die Tür mit Gewalt zuzuhalten. Sie ging auf und ab, von der Tür zum Fenster, vom Fenster zur Tür. Vorsichtig öffnete ihre Mutter. Ich bin schon fertig, sagte sie.

Elsa tat, als ob ihr inzwischen etwas anderes eingefallen wäre, und machte sich an ihrem Tisch zu schaffen.

– Du kannst weitermachen, sagte die Mutter.

– Ja, gleich.

Die Mutter nahm die Verzweiflung ihrer Tochter nicht einmal als Ungeduld wahr.

Wenig später allerdings verließ Elsa das Haus, ohne ihrer Mutter adieu zu sagen. Mit der Tram fuhr sie in die Stadt, in die Gegend der Post. Dort sollte es eine Wohnungsvermittlung geben, hatte sie einmal gehört. Sie hätte zu Hause im Telefonbuch eine Adresse nachsehen können. Sie hatte nicht daran gedacht, als sie die Treppen hinuntergeeilt war.

In einem Geschäft für Haushaltungsgegenstände fragte sie, ob es in der Nähe nicht eine Wohnungsvermittlung gebe. Man bedauerte. Sie fragte in der Apotheke, bekam eine ungenaue Auskunft. Vielleicht im nächsten Haus. Dort läutete sie. Schilder einer Abendzeitung, einer Reisegesellschaft, einer Kohlenfirma. Sie läutete umsonst.

Es war später Nachmittag, Samstag, zweiundzwanzigster Dezember.

Sie sah in eine Bar hinein. Sie sah den Menschen nach, die vorbeigingen. Sie trieb mit. Sie betrachtete Kinoreklamen. Sie ging Stunden umher. Sie würde erst spät zurückkehren. Ihre Mutter würde zu Bett gegangen sein. Sie würde ihr nicht mehr gute Nacht zu sagen brauchen.

Sie würde sich, gleich nach Weihnachten, eine Wohnung nehmen. Sie war zwanzig Jahre alt und verdiente. Kein einziges Mal würde sie sich mehr beherrschen können, wenn ihre Mutter zu ihr ins Bad kommen würde, wenn sie sich schminkte. Kein einziges Mal.

Ihre Mutter lebte seit dem Tod ihres Mannes allein. Oft empfand sie Langeweile. Sie wollte mit ihrer Tochter sprechen. Weil sich die Gelegenheit selten ergab (Elsa schützte Arbeit vor), suchte sie sie auf dem Flur zu erreichen oder wenn sie im Bad zu tun hatte. Sie liebte Elsa. Sie verwöhnte sie. Aber sie, Elsa, würde kein einziges Mal mehr ruhig bleiben können, wenn sie wieder zu ihr ins Bad käme.

Elsa floh.

Über der Straße künstliche, blau, rot, gelb erleuchtete Sterne. Sie spürte Zuneigung zu den vielen Leuten, zwischen denen sie ging.

Als sie kurz vor Mitternacht zurückkehrte, war es still in der Wohnung. Sie ging in ihr Zimmer, und es blieb still. Sie dachte daran, dass ihre Mutter alt und oft krank war. Sie kauerte sich in ihren Sessel, und sie hätte unartikuliert schreien mögen, in die Nacht mit ihrer entsetzlichen Gelassenheit.

Aus: Walter Helmut Fritz: Umwege. Prosa. Stuttgart: Deutsche Verlagsanstalt 1964, S. 47–49

Schülerunterricht

Botho Strauß: Mikado (2006)

Zu einem Fabrikanten, dessen Gattin ihm während eines Messebesuchs entführt worden war, kehrte nach Zahlung eines hohen Lösegelds eine Frau zurück, die er nicht kannte und die ihm nicht entführt worden war. Als die Beamten sie ihm erleichtert und stolz nach Hause brachten, stutzte er und erklärte: Es ist Ihnen ein Fehler unterlaufen. Dies ist nicht meine Frau.

Die ihm Zu-, jedoch nicht Zurückgeführte stand indessen hübsch und ungezwungen vor ihm, wachsam und eben ganz neu. Außerdem schien sie schlagfertig und geistesgegenwärtig zu sein. Den Beamten, die betreten unter sich blickten, gab sie zu verstehen, ihr Mann habe unter den Strapazen der vergangenen Wochen allzu sehr gelitten, er sei von der Ungewissheit über das Schicksal seiner Frau noch immer so durchdrungen und besetzt, dass er sie nicht auf Anhieb wiedererkenne. Solch eine Verstörung sei bei Opfern einer Entführung und ihren Angehörigen nichts Ungewöhnliches und werde sich bald wieder geben. Darauf nickten die Beamten verständnisvoll, und auch der tatsächlich verwirrte Mann nickte ein wenig mit.

Aus seinen dunkelsten Stunden war also unversehens diese völlig Fremde, diese helle und muntere Person aufgetaucht, die den übernächtigten Fabrikanten von seinen schlimmsten Befürchtungen zwar ablenkte, diese aber keinesfalls zerstreute.

Schon am nächsten Morgen – sie schlief im Gästezimmer – fand er sie in der Garage vor einem am Drahtseil aufgehängten Fahrrad, dem kaum benutzten Fahrrad ihrer Vorgängerin. Sie hatte die Reifen abmontiert, die Schläuche geflickt, die Felgen geputzt und die Pedale geölt. Eine Fahrradflickerin!, dachte der Mann, der ihr eine Weile bei den Verrichtungen zusah. Eine gelehrte Frau habe ich verloren und dafür eine Fahrradflickerin bekommen!

Aber dann spekulierte er für den Bruchteil einer Sekunde, was die Zukunft wohl für sie beide bereithalte und ob er je mit ihr auf große Tour gehen werde. Neben den flüchtigen erbaulichen Momenten bewegten ihn aber Zweifel, ob die Anwesenheit dieser einfühlsamen Unbekannten nicht ein tückischer Hinterhalt sein könnte. Ob die Entführer nicht aus reinem Zynismus und nur um die Liebe zu seiner geraubten Frau, der gelehrten, zu verhöhnen, ihm diese naive, bedenkenlos patente Heimwerkerin geschickt hätten. Als zusätzliche Marter, aber auch zur Vorbereitung neuer Erpressungen.

Ganz verstehe ich es immer noch nicht, sagte er auf einmal mit entwaffnender Unbeholfenheit. Sie lächelte hinter flimmernden Speichen und sagte: Genau wie seinerzeit in Madrid. Du erinnerst dich? Ich hatte doch immer dies lähmende Vorausgefühl.

In Madrid?, fragte der Mann, schon mit einem Anklang von gewöhnlicher Ehegattennachfrage.

Ja, als wir mit dem ganzen Club, unseren besten Freunden auf der Plaza Mayor –

Natürlich. Ich erinnere mich.

Meine Handtasche war gerade noch da. Und hätte mich nicht dies lähmende Vorausgefühl ergriffen, dass sie mir im nächsten Augenblick gestohlen würde, dann hätte ich besser aufgepasst. Schon war sie weg!

Und das am Morgen deines dreißigsten Geburtstags!

Ausgerechnet. Man lädt die besten Freunde ein, und irgendein Dieb ist immer darunter.

Aufhören!, rief der Mann ungehalten. Schluss mit dem Falschspiel! Du kannst das nicht wissen. Nicht du!

Na, so war's aber. War's nicht so? So war's doch aber.

Am Nachmittag war er mit einem guten Freund verabredet. Er traf ihn in der Hoffnung, einen Zeugen dafür zu gewinnen, dass man ihm die falsche Frau nach Hause gebracht hatte. Es stellte sich jedoch heraus, dass dieser echauffierte Mensch auf einmal über alles anders dachte, als er bisher gedacht hatte – über Politik, Geld, seine Kinder und seine Vergangenheit. Mit einem Schlag hatte sein Geist die Farbe, den Geschmack, die Richtung und sogar die Geschwindigkeit gewechselt. Da dachte der Mann der Entführten: Es muss doch wohl an mir liegen. Die Menschen wechseln offenbar ihr Inneres genauso schnell wie ihr Äußeres. Sie stülpen sich um und bleiben doch dieselben! Mir scheint, ich habe da eine bestimmte Entwicklung nicht ganz mitbekommen. Also wäre die junge Fahrradflickerin am Ende doch niemand anderes als meine umgestülpte Frau, ja, sie ist wohl die meine, wie sie's immer war. Ich habe weit mehr als mein Vermögen für sie geopfert. Da sitzt sie nun auf meinem Bett, hübsch und rund: mein Schuldenberg. Es bleibt mir keine andere Wahl, ich muss nehmen, was sich bietet, ich könnte nie ein zweites Lösegeld bezahlen. Da trat aus seinem Inneren ein Bild hervor, und er sah die Entführte in ihrem Kellerloch, in ihrer Haft.

Schülerunterricht

Ein Stuhl, ein Schlafsack und ein Campingklo. Und gänzlich ohne Bücher. So sah er die Gelehrte, und so verharrte sie in der Gefangenschaft.

Eines Tages würde sich alles klären. Oder aber es würde sich niemals klären. Zu beidem war er bereit: zu des Rätsels Lösung wie auch, das Rätsel zu leben. Nur eine Entscheidung zwischen dem einen und dem anderen konnte er sich nicht abringen.

Am Abend lud er die Geschickte zu einem Mikadospiel mit kostbaren, uralten japanischen Stäben, die er seit Jahren einmal am Tag auswarf und zusammen mit seiner Frau auflas. Nur um füreinander die Fingerspitzen ein wenig zu sensibilisieren – so hatte es stets geheißen, wenn seine Frau ihn zum Spiel bat und sich mit dem schiefen Lächeln der Gelehrten eine dezente Anzüglichkeit erlaubte. Dieselbe Bemerkung kam nun von der Geschickten, und sie lächelte dazu vollkommen ungezwungen.

Die Stäbchen aus lackiertem Zedernholz lagen auseinandergefallen auf dem hellen Birnbaumtisch. Da rieb sich der Mann die Hände und sagte in einem veränderten, aufgeräumten Ton: Nur zu, du kleines Rätsel. Nun zeig, was du kannst!

Dazu gab er ihr einen burschikosen Klaps auf die Schulter. Sie entgegnete mit einem unterdrückten Fluch, da sie den Arm gerade zum Spiel ausgestreckt hatte. Ihre ruhige Hand löste nun etliche Stäbe aus labilster Lage, ohne andere zu bewegen. Seine unruhige hingegen war nicht einmal fähig, freiliegende Spitzen zu drücken, ohne dass sich im Stapel etwas rührte.

Schließlich lüpfte die ruhige Hand den ranghöchsten Stab ohne die geringste Einwirkung auf die kreuzenden und überliegenden. Sie nahm ihn in beide Hände und zerbrach den Mikado in stillem Unfrieden. Das Spiel mit den wertvollen Stäben war für immer zerstört. Die unruhige Hand ergriff zitternd einen der untergeordneten Stäbe und hielt ihn wie einen Spieß umklammert. Der Mann betrachtete die nadelfeine Spitze. Er hatte kein anderes Empfinden mehr, als diese Spitze durch die linke Wange der Frau zu stoßen, durch ihre Zunge zu bohren und aus der rechten Wange wieder hinaus. Gestoßen und gestochen. Nicht jetzt. Aber eines Morgens, ja. Eines Morgens bestimmt. Eines Morgens wird es zu einigen sich überstürzenden Ereignissen kommen ... Man wird sich im Nachhinein fragen, wie es überhaupt so lange hat dauern können, dass nichts geschah.

In: Botho Strauß: Mikado. © 2006 Carl Hanser Verlag, München

Schülerunterricht

Wolf Wondratschek:
Über die Schwierigkeiten, ein Sohn seiner Eltern zu bleiben (1969)

Das begann alles viel früher, das hört auch nicht so schnell auf. So ist es immer. Vater war nicht Donald Duck. Auch in der Badehose sah er nicht aus wie Robinson. Für Karl May und Tom Prox hatten wir nicht den passenden Garten. Ich wurde zwar rot, aber kein Indianer.

Ich habe gesehen, wie ich keine Schwester bekam, ich bekam Schläge. Aber ich habe gelernt, mich zwischen Frühstück, Schule und Tagesschau zurechtzufinden.

Ich wusste nie, wie den Eltern zumute war, wenn sie sagten, ihnen sei gar nicht zum Lachen zumute. Ich zog bald weg von zuhause.

Als Kind war ich ein Spielverderber. Mutter sagte dann, das hätte ich von Vater geerbt. Vater behauptete das Gegenteil. Ich hatte dann immer das Gefühl, dass wir doch alle irgendwie zusammengehören.

Vater zeigte mir, woher der Wind wehte. Ich hatte eine stürmische Jugend. Wenn wir von Krieg reden, sagt Mutter, wir können von Glück reden.

Ich denke an das Leben, sagt Vater, wenn er an mich denkt. Ich denke, du solltest dir mal Gedanken machen. Und ich denke nicht daran. Vater: ein strenges Labyrinth. Mutter: der Ariadnefaden. Ich begreife das heute noch nicht.

Als das Einfamilienhaus fertig war, war ich mit der Familie fertig. Früher ging ich einfach ins Kino. Ich hatte Freunde. Aber das sind keine Lösungen. Auch eine Freundin ist keine Lösung.

Mutter weinte manchmal. Vater schrie manchmal. Auch Mutter schrie manchmal. Aber Vater weinte nie. Als ich sah, wie Vater den Hut vom Kopf nahm, um seinen Feinden die Stirn zu zeigen, wurde ich erwachsen.

Freitags Fisch. Samstags Fußball. Sonntags Familie. Vater raucht, als gehe es um sein Leben. Mutter legt eine Patience. Ich habe drei Brüder. Morgen ist Montag. Ich erzähle einen schlechten Witz. Vater kann nicht lachen, weil Fritz erst 16 ist. Mutter wird nicht rot. Sie hat Geburtstag.

Ich werde oft gefragt, ich frage mich oft selbst. Aber es ist nicht zu ändern. Wir sind tatsächlich perfekt. Vater ist Beamter, Mutter Hausfrau, ein Bruder Oberleutnant, ein anderer Automechaniker, wieder ein anderer einfach Student.

Mutter sagt, nimm endlich mal die Hände aus den Hosentaschen, tu endlich mal was Gescheites, endlich mal sagt sie gern, das ist einer ihrer Lieblingsausdrücke, besinn dich endlich mal, wie es jetzt weitergehen soll, so jedenfalls kann es unmöglich weitergehen, kauf dir endlich mal einen Kamm, kämm dich endlich mal, schau endlich mal in den Spiegel und schau, wie du aussiehst, früher hast du anders ausgesehen, sie sagt mein Gott, geh endlich mal zum Frisör, die Haare hängen dir ja schon über den Hemdkragen hinaus, hast du deine Schulaufgaben gemacht, hast du gelernt? Ja, ich habe schon als Kind gelernt, dass der liebe Gott ein Frisör ist.

Neben dem Klingelknopf ist ein Namensschild montiert. Damit sind wir alle gemeint. Es kommt vor, dass wir alle einmal zur gleichen Zeit im Wohnzimmer sitzen. Das kommt natürlich nicht sehr häufig vor, aber dann geschieht, was auch in den besten Familien vorkommt, es gibt Krach! Jeder schreit, jeder ist im Recht, keiner weiß, worum es geht. Aber darum geht es ja nicht. Mutter schließt schnell die Fenster. Vater beruhigt den Hund. Ich sehe Tiger an der Decke.

Vater ist wer. Jeder ist, wie er eben ist. Aber dafür sind die Schulferien da. Der Sonntag ist so etwas wie eine höfliche Drohung, eine saubere Sackgasse. An Sonntagen sehen Familien aus, als hätte man sie auf dem Friedhof zusammengeklaut. Es ist schwierig, ein Sohn seiner Eltern zu bleiben. Die Familie ist eine Bombe mit roten Schleifchen. An Weihnachten nehmen wir uns zusammen. An Weihnachten gelingt uns nahezu alles. Wir trinken Sekt und da ist nichts zu befürchten, weil wir anstoßen müssen bei Sekt. Die Kinder werden kurzerhand wieder Kinder. Vater fühlt sich als Großvater. Draußen ist es dunkel. Weihnachten hat nichts mehr mit Schnee zu tun. Mutter wird auch nächstes Jahr keinen Persianer bekommen.

Sonnenuntergänge und Feiertage geben uns immer wieder das Gefühl, dass alles nicht so schlimm sein kann. Wir glauben wieder an Kalbsbraten und selbstgedrehte Nudeln. Der Hund bellt die Umgebung leer und frisst aus der Hand. Auch das ist eine Version.

Vater führt an der Leine. Er ist Herrchen im Haus. Die Wiederholung ist das Gegenteil. Unsere Fehler entsprechen unserer Imitation. Fritz heißt Fritzchen und denkt an die Chinesen. Ich mache mir einen Reim auf das Ende vom Lied.

Wir sitzen künstlich und vollzählig in den Polstergarnituren. Der offene Kamin sorgt für Nestwärme. Das Beste wäre, Mutter hätte jeden Tag Geburtstag. Sechs Personen sind schon ein Trost. Wir wechseln ab. Einer wehrt sich dagegen, dass gerade der andere recht hat. Dieses Muster gilt. Die Opfer können sich am nächsten Tag als Angreifer erholen. Wenn Gäste kommen, erfinden wir Italien im Garten. Wir verstehen keinen Spaß.

Aus: Wolf Wondratschek: Früher begann der Tag mit einer Schusswunde. dtv München 2007

Schülerunterricht

Martin R. Textor: Gelingende und misslingende Kommunikation in Familien

Jede Person sendet und empfängt [...] immer eine Vielzahl verbaler und nonverbaler Botschaften. Dieses aufeinander bezogene Verhalten bzw. dieses Miteinanderhandeln von zwei oder mehreren Personen wird als Interaktion bezeichnet. In sie fließen Erwartungen an das Verhalten des Interaktionspartners ein, aber auch die eigenen Bedürfnisse, Emotionen, Einstellungen, Selbstwertgefühle usw. Zudem werden in der Regel die Erwartungen, Wünsche, Motive und Ziele des Interaktionspartners vorbewusst oder bewusst berücksichtigt und die Auswirkungen des eigenen Verhaltens auf denselben beachtet. Dementsprechend unterscheiden sich die Interaktionsmuster eines Individuums voneinander – je nachdem, mit wem es kommuniziert (z. B. dem Vater, dem Kind, dem Ehepartner). [...]

Auch führt das Verhalten einer Person in der Regel zu Reaktionen einer anderen, die dann wieder Reaktionen des erstgenannten (oder eines dritten) Individuums hervorrufen. Beide beeinflussen und bedingen also einander in ihren Verhalten. Normalerweise glaubt jede Person, dass sie auf Stimuli der anderen reagiert, und betrachtet bzw. bewertet deshalb eine Ereignisfolge anders als das Gegenüber. Hingegen sind für einen Beobachter Ursache und Wirkung, Sender und Empfänger, Agierender und Reagierender in einem fortlaufenden Interaktionsprozess identisch.

Die meisten Interaktionen innerhalb einer Familie sind strukturiert, gewohnheitsmäßig und vorhersagbar. Diese immer wieder auftretenden und relativ konstanten Sequenzen von Handlungen, an denen zwei oder mehrere Individuen beteiligt sind, bezeichnet man als Interaktionsmuster. Sie wurden im Verlauf der Familiengeschichte erworben und laufen nun zumeist automatisch ab, wobei die Personen einander mehr oder minder unbewusst kontrollieren. Diese Interaktionsmuster, die in ihrer Anzahl unbegrenzt sind, entlasten einerseits die Familienmitglieder und erhalten etablierte Rollen und Beziehungen, schränken aber andererseits die Bandbreite möglicher Verhaltensweisen ein und können so die Selbstentfaltung und Weiterentwicklung der Familie behindern.
[...]

Eine Interaktion ist erfolgversprechend bzw. unproblematisch, wenn die Familienmitglieder Botschaften verständlich und gut kodieren, klar und vollständig übermitteln und widerspruchsfrei qualifizieren. [...] Die Familienmitglieder sprechen andere Familienmitglieder direkt an, offenbaren ihre Emotionen und stellen die eigene Meinung unverhüllt dar. Zugleich sind sie neugierig und fragen nach den Gedanken, Gefühlen und Erlebnissen ihrer Gesprächspartner. Reden diese, so können sie zuhören, die Bedeutung von Symbolen ermitteln und Aussagen an der Realität überprüfen. Sie halten Blickkontakt, gebrauchen passende Gesten und zeigen eine den Aussagen entsprechende Mimik.

Quelle: http://www.familienhandbuch.de/cmain/a_Hauptseite.html (Stand: 26. 06. 2009)

Schülerunterricht

Das „Mikado"-Spiel des Botho Strauß mit Zufällen und Verwechslungen

Das Mikado-Spiel hat 41 Stäbe, und genauso viele Erzählungen hat Botho Strauß in seinem neuen Band versammelt, dem er auch diesen Titel gegeben hat („Mikado", Hanser Verlag). Der Dramatiker („Trilogie des Wiedersehens") und einstige Rebell der „Schickeria-Ära" der 70er und frühen 80er-Jahre der Bundesrepublik, der mit seinem Essay vom „anschwellenden Bocksgesang" in den 90er-Jahren auch als tonangebender Gesellschaftskritiker hervorgetreten ist, meditiert in seinen Erzählungen über die Zufälle, Verwirrungen und Täuschungen des Lebens. „Die Menschen wechseln offenbar ihr Inneres genauso schnell wie ihr Äußeres", heißt es in der Titelgeschichte des Bandes mit den an Johann Peter Hebel (1760–1826) angelehnten kurzen „Kalendergeschichten".

Wie ein roter Faden durchzieht viele der Geschichten Calderons Thema vom Leben als Traum. Strauß erzählt von Träumen und zufälligen Begegnungen, geheimnisvollen „Weisungen" und Verwechslungen, die ein Leben verändern. Oder von der scheinbar sinnlosen Suche nach etwas, was nicht erreichbar ist, wie zum Beispiel in der Schlusserzählung „Staustufe", in der der Ich-Erzähler beim Erklettern einer Staumauer „nur eine höhere Stufe der Erkenntnis" erreichen will und dabei doch scheitert und von den Fluten mitgerissen wird. „Die Mauer bricht. Du hast deinen Aufstieg nicht vollenden können." Strauß findet in seinem Erzählstil mitunter poesievolle Bilder, andere Sätze und Betrachtungen wirken eher verstiegen. [...]

Für Strauß oder den „Fremden" in einer seiner „Kalendergeschichten" gibt es „am Ende nur zwei Grundformen des menschlichen Daseins: die Suche und das Warten" in den „zwei radikalen Räumen auf der Erde: die Höhle und die Wüste". Darin verkürzt uns der Schriftsteller, der in einer jüngsten „Hitliste" der 500 renommiertesten deutschsprachigen Intellektuellen unter den „Top Ten" gelandet ist, die Wartezeit mit neuen, teils reizvollen, teils bedeutungsschweren und verschwommenen Gedankenspielen und Vexierbildern, bevor er sich wieder zu einem aktuellen gesellschaftspolitischen Grundsatzthema zu Wort melden wird.

Wilfried Mommert, (dpa), veröffentlicht in der Stuttgarter Zeitung am 24.10.2006. © dpa Deutsche Presse-Agentur GmbH

Poetisches Mikado: Der neue Prosa-Band von Botho Strauß

Selten war ein Titel so passend wie dieser: „Mikado" heißt das neue Buch von Botho Strauß; und wie beim Mikado-Spiel, wo es darauf ankommt, mit viel Fingerspitzengefühl einzelne Stäbchen aus einem wirren Haufen herauszuziehen, versucht der Autor in diesen Prosa-Miniaturen, das Gewirr (zwischen-)menschlicher Empfindungen in einfühligen Erzähl-Prozeduren zu entflechten.

Dass es dabei nicht ohne gespreizte Verrenkungen abgeht, ist klar, und so wirken manche Texte dieses Buches allzu umständlich ausgedacht. Da „wackelt" der literarische Mikadohaufen und die überbemüht-subtile Seelen-Erkundung kippt in krampfige Kopfgymnastik. Aber zum Glück überwiegen in dem Bändchen doch die gelungenen Geschichten, von denen manche sogar kleine funkelnde Preziosen sind.

Da gibt es etwa die knappe Skizze über einen Bäckermeister, der heimlich seine Frau verlässt, nach Mexiko auswandert und dort als Papierfabrikant ein Vermögen macht. Als er nach 25 Jahren zurückkommt, die Gattin, die immer noch in der gleichen kleinen Wohnung sitzt, besucht und sie unterstützen will, bittet sie ihn nur, zu gehen, damit sie „wieder mit ihm allein" sein kann. Denn der Mann, der zurückkam, war ein anderer als der, mit dem sie einst gelebt und den sie im Kopf hatte.

Es sind vor allem solche Fragen der Identität, die Botho Strauß in seinen Geschichten umkreist: Wer ist man selbst, wer ist der Andere, ist man immer der Gleiche, gibt es einen unverwandelbaren Kern der Persönlichkeit?

Vor Rätsel sieht sich auch der Held der Titelgeschichte gestellt, ein Fabrikant, dessen Frau entführt wurde. Nachdem er Lösegeld gezahlt hat, bringt ihm die Polizei eine Frau „zurück", die er zuvor nie gesehen hat, aber mit der er doch das Eheleben fortführt.

Wie seine Theaterstücke schillern auch Botho Strauß' Erzählungen zwischen realistischer Psychologie, Symbolismus und feiner Komik. Die besten davon sind zugespitzt wie Mikadostäbchen und garantieren ein unverwackeltes Leseerlebnis.

Alexander Altmann: Poetisches Mikado. Der neue Prosa-Band von Botho Strauß. In: Nürnberger Nachrichten vom 15.9.2006

Schülerunterricht

Wilhelm Faix: Teenager – Umbruch, Krisen und Suche nach Sinn

Im Teenageralter verändert sich auch das Miteinanderleben in der Familie. Der junge Mensch löst sich immer mehr aus den familiären Bindungen und sucht eigene und selbstständige Kontakte außerhalb der Familie. Für manche Eltern ist das ein schmerzhafter Prozess, der zu Konflikten führt, weil der junge Mensch nicht mehr am gewohnten Familienleben teilnimmt. Eltern reagieren unterschiedlich auf diesen Ablösungsprozess. Die einen versuchen, das Kind festzuhalten, die andern geben das Kind frei und kümmern sich nicht mehr darum, was es macht und wohin es geht. Beide Haltungen haben negative Auswirkungen auf den Entwicklungsprozess. Besser ist es, wenn Eltern weiterhin Bezugsperson und Autorität bleiben (was die Teenies auch wollen), auch wenn sie nicht mehr die einzigen Ansprechpartner sind, wenn es um Lebensorientierung, Berufswahl, Freundeswahl, Freizeitgestaltung, Kleidung, Frisur, Musikgeschmack, Bücherwahl, Freundeswahl, Zimmergestaltung u. a. m. geht.

Die Entwicklung des Eltern-Kind-Verhältnisses in dieser Phase hängt stark vom elterlichen Gesamtverhalten ab. Eltern, denen es gelingt, eine unterstützend-kontrollierende Haltung einzunehmen, können damit rechnen, dass sich ihr positives Eltern-Kind-Verhältnis fortsetzt und der Heranwachsende diese Beziehung als Hilfe und Orientierung erlebt. Diese Teenies brauchen darum auch nicht den „riskanten" Weg einer Durchsetzungsstrategie zu wählen, um sich von den Eltern abzulösen. Bei einem positiv verlaufenden Eltern-Kind-Verhältnis bleiben die Eltern in vielen Lebensfragen noch lange Zeit die wichtigsten Bezugspersonen wie z. B. in ethischen Entscheidungen und religiöser Einstellung. [...] Die Qualität des Familienklimas ist entscheidend für einen positiven Verlauf der Ablösung von den Eltern.

[...] Die Persönlichkeitsentwicklung in dieser Zeit vollzieht sich zwischen Bindung und Trennung. Dieser Prozess führt notwendigerweise zu Konflikten, die sich in besonderer Weise im Inneren des jungen Menschen abspielen und von den Eltern oder Erwachsenen oft gar nicht so wahrgenommen werden. Äußerlich vollzieht sich der Konflikt im Autonomieprozess mit den Eltern. Die Teenies widersetzen sich vehement den von den Eltern gesetzten Grenzen, fühlen sich aber vernachlässigt, wenn keine Grenzen mehr vorhanden sind. Dieser Konflikt mit den Eltern ist ein notwendiger Prozess in der Persönlichkeitsentwicklung. Eltern, die das nicht erkennen oder um jeden Preis die Harmonie suchen, tun dem Kind keinen guten Dienst. Im Gegenteil: dem Kind fehlt das Gegenüber, an dem es sich reiben und bilden kann. Der junge Mensch entwickelt sich mithilfe der innerfamiliären Konflikte zur Persönlichkeit. Konfliktbewältigung setzt ein offenes kommunikatives Verhalten der Eltern voraus, die mit ihren Kindern das Gespräch suchen und ihre Meinung artikulieren, begründen und belegen können, ohne dass sie die Meinung des Kindes verwerfen. Nur so gewinnt der junge Mensch neben seiner „physischen Autonomie" auch die „soziale Autonomie".

[...] Das Teenageralter ist eine Zeit des Umbruchs auf allen Gebieten des Lebens: körperlich, seelisch, geistig, sozial und religiös. Es ist darum nicht verwunderlich, wenn es zu Krisen kommt. Liebe und Festigkeit der Eltern sind in dieser Zeit besonders gefragt. Ihr Gesamtverhalten und ihre gelebte Werteeinstellung bieten dem „rebellierenden" Kind weiterhin Orientierung, Halt und Geborgenheit. Es ist darum nicht unwichtig, wenn weiterhin auf ein Familienleben geachtet wird, in dem offen Probleme besprochen werden und nach gemeinsamen Lösungen gesucht wird, aber vor allem die Eltern bereit sind zuzuhören, ohne gleich auszurasten, wenn das Kind widerspricht. Eine vernünftige Streitkultur ist für das Miteinander in dieser Phase von besonderer Bedeutung. Wo gestritten wird, gibt es Verletzungen, darum gehört Vergeben (Bitte entschuldige!) und Versöhnen (Es ist wieder alles in Ordnung!) zum festen Bestandteil des Familienlebens.

Aus: http://www.familienhandbuch.de/cmain/f_Aktuelles/a_Kindliche_Entwicklung/s_1441.html (Stand 26.06.2009)

Lehrerhinweise zu Sequenz 4: Lernen durch Lehren

Wie in den Hinweisen zum „Lernen durch Lehren" (S. 88) bereits ausgeführt, sollen die SchülerInnen bei den Aufgaben dieser Sequenz selbst zu Unterrichtenden werden. Das heißt, dass sie das ihnen gegebene Material eigenständig erarbeiten und didaktisieren, um es den MitschülerInnen zu vermitteln.

In dieser Sequenz werden drei Kurzgeschichten angeboten, es ist aber auch jederzeit der Lehrperson überlassen, weitere Kurzgeschichten zur Auswahl zu stellen. Die Aufgabenstellungen (vgl. Arbeitsaufträge, S. 89) können übernommen werden, für die Gruppe A/3 müsste lediglich ein passender Hintergrundtext gefunden werden.

Die drei hier vorgeschlagenen Kurzgeschichten sind von unterschiedlicher Komplexität und von unterschiedlichem Anspruchsniveau. Die Geschichte „Augenblicke" ist eher für die unteren Jahrgänge (8 und 9) geeignet, „Mikado" eher für 9, 10 und 11 und „Über die Schwierigkeiten, ein Sohn seiner Eltern zu bleiben" für die Jahrgänge 10 und 11. Es lässt sich aber auch binnendifferenziert mit den Texten arbeiten, sodass leistungsstärkeren Gruppen die komplexeren Texte vorlegt werden. Die freie Gruppenbildung und Textauswahl müsste dann allerdings eingeschränkt werden.

Text 1:
Walter Helmut Fritz: Augenblicke (S. 90)

Im Mittelpunkt der Geschichte steht der Ablösungsprozess der Tochter von der Mutter. An einer sich wiederholenden Situation vor dem Spiegel im Badezimmer wird exemplarisch das gestörte Verhältnis zwischen Mutter und Tochter aufgezeigt. Was für Elsa, die Tochter, aufdringlich, störend und nervend (Z. 11 f.) ist, wird von der Mutter als Möglichkeit gesehen, mit ihrer Tochter ins Gespräch zu kommen (Z. 59). Die Mutter bemerkt nicht die Verzweiflung ihrer Tochter, die durch ihr Verhalten ausgelöst wird, die Tochter spürt nicht das Bedürfnis der Mutter, mit ihr Kontakt aufnehmen zu wollen.

Lächelnd entziehen sie sich einander, die Tochter geht aus dem Haus, ohne sich zu verabschieden (Z. 30 f.), und kommt so spät nach Hause, dass sie ihrer Mutter nicht mehr gute Nacht sagen muss (Z. 48 f.). Die Tochter sucht eine eigene Wohnung, wovon die Mutter scheinbar gar nichts weiß. Beide leiden unter den Umständen, doch sie sind nicht in der Lage, ihre Bedürfnisse und Wahrnehmungen zu kommunizieren. Sie tragen ihre jeweilige Fassade „lächelnd" vor sich her, die eigentlichen Empfindungen teilen sie sich aber nicht mit.

Diese Kommunikationslosigkeit führt auch dazu, dass eine wirkliche Veränderung im Leben der beiden Figuren nicht möglich erscheint. Elsa läuft zwar durch die Nacht, aber sie hat weder Kontakt zu anderen Personen, noch besucht sie Veranstaltungen. „Sie sah in eine Bar hinein. Sie sah den Menschen nach, die vorbeigingen, sie trieb mit. Sie betrachtete Kinoreklamen." (Z. 45 f.) Die Mutter, die nach dem Tod ihres Mannes all ihre Aufmerksamkeit auf die Tochter lenkt, erkennt nicht deren Wunsch nach Eigenleben. Beide fliehen voreinander und treten gleichzeitig auf der Stelle. Nicht in der Lage, an ihrer kommunikationslosen Situation etwas zu ändern, verharren sie in einer „entsetzlichen Gelassenheit." (Z. 70 f.)

Zu A/1: Nach Lektüre und Austausch innerhalb der Gesamtgruppe sollen die SchülerInnen in der Kleingruppe einen kreativen Einstieg in die Textarbeit erarbeiten. Folgendes wäre hier denkbar:

1. Die SchülerInnen spielen den ersten Dialog der beiden Protagonisten vor dem Spiegel vor und geben dann den Arbeitsauftrag, die Szene weiterzuschreiben.

2. Die Klasse/der Kurs bekommt die ersten drei Zeilen des Textes vorgelegt und erarbeitet in Kleingruppen einen möglichen Dialog von Mutter und Tochter.

3. Die SchülerInnen geben dem Kurs die Aufgabe, in Einzel- oder Partnerarbeit aufzulisten, wann und warum junge Erwachsene von zu Hause ausziehen sollten. Aus Sicht der Jugendlichen, aber auch aus Sicht der Eltern. Hier wäre die Form des Mindmaps oder einer Tabelle empfehlenswert.

4. Die MitschülerInnen erhalten die Textzeilen 9–13 mit dem Arbeitsauftrag, sich möglichst viele Situationen zwischen Eltern und Kindern auszudenken, auf die diese Beschreibung zutreffen könnte.

Zu A/2: Nach Lektüre und Austausch innerhalb der Gesamtgruppe sollen die SchülerInnen in der Kleingruppe Fragestellungen an den Text erarbeiten und sie der Gesamtgruppe zur Beantwortung vorlegen. Folgende Ergebnisse sind hier denkbar:
1. Warum sagt Elsa ihrer Mutter nicht klar und deutlich, dass sie es nicht mag, wenn sie zu ihr ins Badezimmer kommt?
2. Wie lässt sich erklären, dass die Mutter nichts von der Verzweiflung der Tochter spürt?
3. Wie verhält sich Elsa bei der Wohnungssuche und was sagt dies über ihren Charakter aus?
4. Was macht Elsa draußen in der Stadt?
5. Wie reden Mutter und Tochter eigentlich miteinander?
6. Warum kommt Elsa so spät nach Hause?

Zu A/3: Der Sachtext zum Thema „Kommunikation in Familien" (Information 1, S. 94) definiert im ersten Abschnitt den Begriff der Interaktion „als Vielzahl verbaler und nonverbaler Botschaften" (Z. 1–5), die aufeinander bezogen sein müssen, soll es sich um eine gelungene Form der Interaktion handeln. Der Text hält auch fest, dass, will Interaktion gelingen, der Interaktionspartner die Bedürfnisse, Emotionen und Einstellungen seines Gegenübers berücksichtigen muss.
Im zweiten Abschnitt wird gezeigt, dass sich der Interagierende immer als Reagierender versteht, sich also mehr als Opfer, denn als Auslöser von Verhaltensweisen sieht.

Im dritten Abschnitt wird aufgezeigt, welche Bedeutung Interaktionsmuster in einer Familie haben, wie die Familienmitglieder sozialisiert werden und dass die Interaktionsmuster Erleichterung und Hindernis zugleich sein können.
Zum Abschluss zeigt der Text auf, wann eine Interaktion innerhalb einer Familie erfolgversprechend ist.
Die Aussagen dieses Textes stehen in direktem Zusammenhang mit der Aussageintention der Kurzgeschichte.

Mögliche Arbeitsaufträge dieser Gruppe:
1. Den Sachtext abschnittsweise zusammenfassen, eine These pro Absatz formulieren.
2. Drei Fragen beantworten: – Was ist Interaktion? – Was versteht man unter Interaktionsmuster in einer Familie? – Wann ist Interaktion in einer Familie erfolgversprechend?
3. Eine Tabelle erstellen lassen mit den beiden Kolonnen: gelungene Interaktion//misslungene Interaktion.
Im Anschluss daran steht jeweils der Arbeitsauftrag, die Ergebnisse der Sachtextbesprechung auf die Kurzgeschichte zu beziehen, ausführlich darauf einzugehen und zu belegen, ob und warum die Interaktion von Mutter und Tochter gelungen oder misslungen zu nennen ist.

Text 2:
Botho Strauß: Mikado (S. 91–92)

Wie einen Traum erlebt ein Fabrikant, Protagonist der Kurzgeschichte „Mikado" von Botho Strauß, das Ende der Entführung seiner Frau. Die Polizei bringt ihm nach Zahlung des Lösegeldes an die Entführer seiner Frau eine völlig fremde Person zurück. Diese weiß allerdings Dinge aus ihrer bzw. seiner Vergangenheit, die sie als Fremde gar nicht wissen kann. Auch seinen Freunden fällt nichts Besonderes an der „Fremden" auf. Der Einzige, der sich bzw. seine Wahrnehmung verändert sieht, ist er selbst.
Die „neue" Frau ist völlig anders als die „alte". Sie ist keine „gelehrte Frau", sondern eine naive Handwerkerin (Z. 33). Doch nicht nur seine Frau war früher anders, auch ein guter Freund denkt auf einmal über alles anders als bisher, „über Politik, Geld, Kinder und seine Vergangenheit" (Z. 70 f.). Der Fabrikant kommt zu der Erkenntnis, dass „(d)ie Menschen [...] offenbar ihr Inneres genauso schnell (wechseln) wie ihr Äußeres. Sie stülpen sich um und blei-

ben doch dieselben." (Z. 76 f.) Damit muss er sich abfinden, so ist die Welt, Veränderung und Täuschung liegen eng beieinander, eine Sicherheit gibt es nicht. Den letzten Beweis sucht er beim Mikado, das er mit seiner „alten" Frau immer gespielt hat. Ziel des Spiels ist es, mit ruhiger Hand die Stäbe sicher aus labilster Lage unter Kontrolle zu bringen. Doch die „Neue", nachdem sie bewiesen hat, dass sie das Spiel beherrscht, beendet es gleichzeitig für immer, indem sie den wertvollsten Stab zerbricht. (Z. 118) Er, mit unruhiger Hand, kann sich nur noch in Gewaltfantasien retten, sie mit einem der restlichen Stäbe aufzuspießen. Irgendwann einmal.

Zu A/1: Nach Lektüre und Austausch innerhalb der Gesamtgruppe sollen die SchülerInnen in der Kleingruppe einen kreativen Einstieg in die Textarbeit erarbeiten. Folgendes wäre hier denkbar:

1. Ablauf einer Entführung skizzieren: Entführung – Erpressung – Lösegeld – Zahlung – Rückkehr. Mitschüler sollen Dialog nach Rückkehr entwickeln
2. Internetrecherche zum Thema: Psychische Folgen für Entführungsopfer und ihre Familien
3. Was verbindet man mit dem Spiel Mikado? Erfahrungen, Spielanweisung, Geschichte; Erarbeitung in arbeitsteiligen Gruppen (Mindmap, Internet, Folien)
4. Ersten Abschnitt präsentieren. Arbeitsauftrag: Entwurf einer Fortsetzung

Zu A/2: Nach Lektüre und Austausch innerhalb der Gesamtgruppe sollen die SchülerInnen in der Kleingruppe Fragestellungen an den Text erarbeiten und sie der Gesamtgruppe zur Beantwortung vorlegen. Folgende Ergebnisse sind hier denkbar:
1. Was alles zeigt dem Fabrikanten, dass die ihm zurückgebrachte Frau nicht seine Ehefrau ist? Wodurch unterscheiden sich die beiden Figuren?
2. Warum reagiert der Fabrikant wütend über das Vergangenheitswissen der Frau, warum nicht erleichtert?
3. Welche Bedeutung hat das Mikadospiel für die Ehepartner und warum zerbricht die „neue" Frau das wichtigste Stäbchen?
4. Was sagt der Schluss der Geschichte über den Fabrikanten aus, warum schiebt er seine Entscheidung hinaus?
5. Was fällt an der Sprache der Geschichte auf, wie erzählt der Fabrikant?

Zu A/3: Bei den Zusatztexten (Information 2, S. 95) handelt es sich um zwei Rezensionen aus Tageszeitungen. Sie sollen eingesetzt werden, um Hinweise und Hilfestellungen für mögliche Deutungsansätze zu erhalten. Die SchülerInnen könnten hier die Idee entwickeln, die beiden Texte arbeitsteilig erarbeiten zu lassen. Eine Gruppe fasst den ersten, eine zweite den zweiten Text zusammen. Der Austausch könnte in gemischten Gruppen stattfinden oder die Texte könnten mit der Innenkreis-Außenkreis-Methode erschlossen werden. (Leser des Textes A und B sitzen sich in einer Innenkreis- und Außenkreis-Konstellation gegenüber und teilen sich den Inhalt ihrer Texte mit. Jeder macht sich über den Text des anderen Notizen. Dann rutscht ein Kreis zwei Stühle weiter und nun teilt jeder seinem Gegenüber anhand seiner Notizen den Inhalt des Fremdtextes mit. Der jeweilige „Experte" greift wenn nötig korrigierend ein. Dann werden beide Texte im Plenum besprochen und die Ergebnisse abgeglichen.)

Die beiden Texte könnten aber auch in Partner- oder Kleingruppenarbeit erschlossen werden, mit der Vorgabe, Übereinstimmungen und unterschiedliche Sichtweisen gegenüberzustellen, möglicherweise in einer vorbereiteten Tabelle, auf Folie oder Plakat.

Wilfried Mommert spricht in seinem Text über „Mikado" von der Meditation über „Zufälle, Verwirrungen und Täuschungen des Lebens." Die sinnlose Suche des Menschen nach Erkenntnis werde aufgezeigt, das Scheitern an Alltäglichkeiten, an Verwechslungen und Geheimnissen. Der Mensch kenne nur zwei Grundformen seiner Existenz: das Suchen und das Warten.

Alexander Altmann geht mit dem „Mikado" kritischer um, beschreibt das Spiel als etwas, wo es auf Fingerspitzengefühl ankommt, Verwirrtes zu entwirren. Dies spricht er einigen Texten dieses Buches ab, hält sie für „allzu umständlich ausgedacht." Es gehe um Identitätsfindung, dem Kern von sich und anderen und der permanenten Veränderung. Im letzten Punkt stimmt er mit dem Text Mommerts überein. Realistische Psychologie, Symbolismus und feine Komik, darin sieht Altmann die Stärke der Kurzgeschichten aus „Mikado".

Im Anschluss an die Bearbeitung der beiden Rezensionen müsste der Arbeitsauftrag erteilt werden, die Aussagen auf den Text zu beziehen und eine eigene Stellungnahme zu entwickeln.

Text 3:
Wolf Wondratschek: Über die Schwierigkeit, ein Sohn seiner Eltern zu bleiben (S. 93)

Mit einem Sprachgewitter von Anspielungen, Vorwürfen, ironischen Verfremdungen und sarkastischen Bemerkungen greift Wolf Wondratscheks Text „Über die Schwierigkeiten, ein Sohn seiner Eltern zu bleiben" das Thema Loslösung aus der Ursprungsfamilie auf.

Dass es sich um einen längeren Prozess handelt, macht der Text gleich im ersten Satz deutlich, „[d]as begann alles viel früher, das hört auch nicht so schnell auf." (Z. 1) Dann folgen stakkatoartig Assoziationen, die der Ich-Erzähler mit der Familie verbindet. Es ist Mutters Geburtstag, die Familie sitzt zusammen, der Ich-Erzähler denkt in einem Bewusstseinsstrom über die Familie nach. Hauptsächlich vermittelt er die Einsicht, dass er etwas dazugelernt hat, den Vater, die Mutter, die Geschwister, die Familie jetzt anders sieht als früher. Die Familie wird von einem imaginären Thron heruntergeholt, Vater ist kein Held, Mutter die sensible Nervensäge. Äußerlichkeiten werden zu Identifikations- und Qualitätsmerkmalen der „perfekten Familie" (Z. 34). Klingelknopf (Z. 48), offener Kamin (Z. 78), Weihnachten (Z. 61), Rituale und Symbole ersetzen das persönliche Miteinander in der Familie, im Sprachspiel mit Floskeln und Redewendungen verwandelt sich die Familie selbst in eine Floskel. Allerdings in eine, die eine gefährliche Doppelbedeutung hat: „Die Familie ist eine Bombe mit einem roten Schleifchen." (Z. 60f.) Der Erzähler macht aus seiner Abneigung gegenüber diesem Familiensystem keinen Hehl, mit scharfer Ironie entlarvt er dieses Gebilde.

Zu A/1: Nach Lektüre und Austausch innerhalb der Gesamtgruppe sollen die SchülerInnen in der Kleingruppe einen kreativen Einstieg in die Textarbeit entwickeln. Folgendes wäre hier denkbar:
1. Vorgabe einer Situation: Sohn kehrt nach einer längeren Zeit in die Familie zurück (war evtl. im Ausland). Weihnachtsfest, die Familie kommt zusammen. Vater, Mutter, Geschwister. Verfassen eines inneren Monologs des Sohnes, als alle im Wohnzimmer sitzen und von früher sprechen.
2. Die Überschrift vorgeben mit dem Arbeitsauftrag, alles zu sammeln, was dabei schwierig sein könnte, und in einer Mindmap oder Tabelle festhalten. (Variation mit „Tochter" statt „Sohn" mit einplanen)
3. Als sehr offener Einstieg könnte gewählt werden, eine Mindmap zum Thema „Familie" erstellen zu lassen. In der Mitte den Begriff „Familie", dann erst assoziativ sammeln und dann nach Themenbereichen clustern, um eine Struktur zu erhalten.
4. Einige zentrale Sätze herausschreiben und an Untergruppen verteilen, mit dem Auftrag, sie im Plenum zu erläutern, z. B.:
– Vater zeigte mir, woher der Wind weht. Ich hatte eine stürmische Jugend. (Z. 14f.)
– Wenn wir von Krieg reden, sagt Mutter, wir können von Glück reden. (Z. 15f.)
– Als das Einfamilienhaus fertig war, war ich mit der Familie fertig. (Z. 21f.)
– Als ich sah, wie Vater den Hut vom Kopf nahm, um seinen Feinden die Stirn zu zeigen, wurde ich erwachsen. (Z. 25ff.)
Möglichst viele einzelne Sätze und kurze Abschnitte für Gruppen von 2–3 SchülerInnen knapp erläutern lassen und anschließend den gesamten Text lesen.

Zu A/2: Nach Lektüre und Austausch innerhalb der Gesamtgruppe sollen die SchülerInnen in der Kleingruppe Fragestellungen an den Text erarbeiten und sie der Gesamtgruppe zur Beantwortung vorlegen. Folgende Ergebnisse sind hier denkbar:
– In welcher Situation befindet sich der Ich-Erzähler?
– Was mögen die Eltern über ihren Sohn denken?
– Was genau kritisiert der Sohn an der Familie? Gibt es positive Einschätzungen?
– Was sind genau die Schwierigkeiten, die der Erzähler hat, der Sohn seiner Eltern zu bleiben?

Zu A/3: Der Sachtext „Teenager – Umbruch, Krisen und Suche nach dem Sinn" von Wilhelm Faix (Information 3, S. 96)
thematisiert den Loslösungsprozess junger Menschen von der Ursprungsfamilie. Im ersten Abschnitt wird gezeigt, dass dieser Prozess schmerzhafter für die Eltern ist, die ihr Kind loslassen müssen, ohne den Kontakt zu verlieren. Soll dieser Prozess gelingen und einen positiven Verlauf nehmen, so müssen die Eltern, wie es im zweiten Abschnitt angeführt wird, unterstützend-kontrollierend agieren, um auch weiterhin wichtige Bezugspersonen des Kindes zu bleiben. Der Konflikt zwischen Bindung und Trennung, der in dieser Phase stattfindet, ist Thema des dritten Abschnitts und zum Abschluss wird die Wichtigkeit einer „vernünftigen Streitkultur" innerhalb der Familie begründet, um die Konflikte im Rahmen zu halten.
Viele dieser Aussagen lassen sich auf die Kurzgeschichte übertragen. „Die Persönlichkeitsentwicklung in dieser Zeit vollzieht sich zwischen Bindung und Trennung. Dieser Prozess führt notwendigerweise zu Konflikten, die sich in besonderer Weise im Inneren des jungen Menschen abspielen und von den Eltern oder Erwachsenen oft gar nicht so wahrgenommen werden." (Z. 34ff.) Diese zentrale Aussage ist, wie andere auch, auf die Kurzgeschichte zu übertragen, verbunden mit der Fragestellung, ob denn die Loslösung im Falle des Ich-Erzählers als gelungen oder misslungen zu werten ist. Auch die Frage, ob die Erzählweise auf diesen inneren Konflikt hinweist, könnte gestellt werden. Die Erschließung des Sachtextes und die anschließende Übertragung auf die Kurzgeschichte sind die zu erbringenden Leistungen, die diese Gruppe ihren MitschülerInnen abverlangen müsste.

Für alle Aufgaben dieser Sequenz gilt, dass die SchülerInnen, mehr als wir Lehrende es oft glauben, sehr wohl in der Lage sind, methodisch und inhaltlich ihre MitschülerInnen zu fordern und sie mit interessanten Aufgabenstellungen zu konfrontieren. Das hat jedenfalls die eigene Unterrichtserfahrung mit dieser Methode gezeigt. Aber auch die ‚Gegenseite' reagiert interessierter und motivierter, wenn die fordernden Arbeitsaufträge aus den eigenen Reihen kommt. Die SchülerInnen verfügen zumeist über ein breites methodisches Wissen, da sie ihre Erfahrungen aus allen Unterrichtsfächern abrufen können. Dabei liegt es auf der Hand, dass in den unteren Jahrgängen 8 und 9 die Lehrperson in den Gruppen aktiver Hilfestellungen und Anregungen geben muss als in den Jahrgängen 10 und 11.

Optionale Arbeitsaufträge

Die hier folgenden Arbeitsaufträge sind Angebote an die SchülerInnen, freiwillige Aufgaben zu übernehmen. Die Ergebnisse sollen in die Portfoliomappe übernommen werden. Es wäre aber auch wünschenswert, wenn, in Absprache mit der Lehrperson, eine Präsentation der Ergebnisse vor dem Plenum eingeplant werden könnte.

1. Internetrecherche zum Thema ‚Trümmerliteratur'

Die Textform ‚Kurzgeschichte', in der Form, wie wir sie heute kennen, hat kurz nach dem 2. Weltkrieg in Deutschland Einzug gehalten. Vor allem die zu dieser Zeit jungen AutorInnen haben die Form genutzt. Die Literatur dieser ersten Nachkriegsjahre nennt man auch ‚Trümmerliteratur'.

Recherchiere im Internet, was du zu den Begriffen ‚Trümmerliteratur' und ‚Kurzgeschichte' findest, und fasse die wichtigsten Ergebnisse in einem Text zusammen. Der Begriff der Trümmerliteratur sollte erklärt werden: Wer waren ihre Hauptvertreter und in welchem Zusammenhang dazu steht die Kurzgeschichte?

2. Portrait eines Autors/einer Autorin

Suche dir einen Autor, eine Autorin aus, von dem/der wir eine Kurzgeschichte gelesen haben, und suche in Büchern oder im Internet nach Informationen über diese Person. Fasse deine Ergebnisse zu einem Text zusammen: Die wichtigsten Daten des Lebens, andere Werke, besondere Vorkommnisse.

(Du kannst dich auch für folgende Autoren/Autorinnen entscheiden: Heinrich Böll, Ernest Hemingway, Elisabeth Langgässer, Helga M. Novak). Fotos dieser AutorInnen findest du im Internet unter www.schoeningh-schulbuch.de/du-selbst [Reiter „Kurzgeschichten" anklicken].

3. Schreiben einer eigenen Kurzgeschichte

Suche dir ein Thema aus, zu dem du eine Kurzgeschichte schreiben willst. Lasse dich dabei zum Beispiel von einem Bild, einer Situation, die du erlebt hast, einem Song, einem Gespräch anregen und erfinde dann eine Geschichte. Denke aber an die Kriterien für eine Kurzgeschichte, die du nicht alle, aber doch zu einem großen Teil einhalten solltest.

4. Gespräche in der Familie

Wenn du den Text nicht schon hast, lass dir von deiner Lehrperson den Text „Martin R. Textor: Gelingende und misslingende Kommunikation in Familien" geben.

Fasse die wichtigsten Ergebnisse dieses Textes schriftlich zusammen und vergleiche sie dann mit der Kurzgeschichte „Ein netter Kerl" von Gabriele Wohmann. Zeige in deinem Text auf, was dir an der Kommunikation in der Familie auffällt. Kann man mit den Ergebnissen von Martin R. Textor zeigen, ob und warum die Kommunikation in der Familie nicht wirklich gelingt?

5. Die ‚Short Story'

Die literarische Form der Kurzgeschichte, wie wir sie hier besprochen haben, kommt aus dem englischsprachigen Raum, vor allem aus den USA. Sie heißt dort ‚short story'.

Informiere dich in Büchern oder im Internet, was diese Form für die US-amerikanische Literatur bedeutet, welche Geschichte und Tradition sie dort hat, und sage etwas zu ihren Hauptvertretern.

Du kannst aber auch jederzeit eigene Ideen für Arbeiten entwickeln, deren Ergebnisse du dann präsentieren und/oder in deine Portfoliomappe einlegen willst. Wenn dir noch etwas zu anderen Kurzgeschichten einfällt, die nicht im Unterricht besprochen wurden, wenn du von Erfahrungen berichten willst, die andere (Eltern/Großeltern/Geschwister/Freunde) mit Kurzgeschichten gemacht haben, sprich mit deiner Lehrperson das Thema ab. Viel Spaß bei der Arbeit!

Anmerkungen zu den Klausuren

Die beiden hier vorgestellten Klausuren sind auf die Leistungsanforderungen für die unterschiedlichen Jahrgänge abgestimmt. Klausur 1 (Margret Steenfatt: Im Spiegel) richtet sich eher an die Jahrgänge 8 und 9. Sie ist in der Aufgabenstellung lenkender und kleinschrittiger als die für die Jahrgänge 10 und 11 (Thomas Hürlimann: Der Filialleiter). Die Lehrperson kann, wenn die SchülerInnen dazu in der Lage sind oder sein müssten, auf die anleitenden Zusatzinformationen auf dem Klausurblatt verzichten. Die Aufgabenstellung und die Bewertungsanleitungen sind an die zentralen Prüfungen für die Jahrgänge 8 und 10 in Nordrhein-Westfalen angelehnt.

Bewertung Klausur 1: Margret Steenfatt: Im Spiegel

Aufgabenstellung 1

Die **Aufgabe 1** fragt zuerst die Kompetenz ab, einen Text in seiner Grundaussage zu verstehen und ihn zu gliedern. Bei der 1. Aufgabe ist Punkt c anzukreuzen (**4 Punkte**), bei Aufgabe 2 ist es die Reihenfolge: (**maximal 6 Punkte**)

1 = c (1–11)
2 = d (12–20)
3 = a (21–28)
4 = b (29–48)
5 = f (49–55)
6 = e (56–58)

In **Aufgabe 3** müsste inhaltlich zum Ausdruck kommen, dass Achim sich noch am ehesten mit Musik identifizieren kann, dass sie ihn antreibt. Im Speziellen hier mit Punk-Musik (Dead Kennedys), hart und provozierend (werden die SchülerInnen heute wohl nicht mehr kennen, aber die besondere Rolle von Musik im Leben Jugendlicher ist unabhängig von der aktuellen Strömung). Daran anschließend sollte der Bezug zur Rolle der Musik im eigenen Leben gezogen werden. (**4 Punkte – 2/2**)

In **Aufgabe 4** sollten die SchülerInnen das Zitat paraphrasieren können. Mit „sie" sind die Eltern, Schule, Autoritäten gemeint, und die haben bereits Vorstellungen über das Leben Achims/der Jugendlichen. Diese müssen sich von solchen Festlegungen, Plänen, Vorstellungen lösen, sie ablehnen, um nachzudenken und ihre eigenen Vorstellungen zu entwickeln (was Achim ja auch tut). (**6 Punkte**)

In **Aufgabe 5** sollte erarbeitet werden, dass die Bemalung eben nur den Spiegel betrifft und nicht Achim. Das Bild bleibt eine Fremdbestimmung. Nur eine leichte Ortsveränderung Achims, und Bild und Person stimmen nicht mehr überein. Achim will sich selbst kennenlernen, nicht eine Spiegeloberfläche. (**6 Punkte**)

Aufgabe 6 stellt die komplexeste Herausforderung für die SchülerInnen dar. Hier sollten die Verwirrung und die Suche Achims zum Ausdruck kommen. Sich versteckend, unsicher, (Z. 5) blass, glanzlos (Z. 17f.), suchend, interessiert (Z. 25f.), kreativ, sorgfältig, konsequent, aggressiv, kompromisslos (Z. 50ff.). All diese Adjektive könnten zur Charakterisierung Achims herangezogen werden und ihn als suchenden Jugendlichen beschreiben, der noch nicht weiß, was er ist, was und wohin er will, der aber eins weiß, nämlich dass er seinen eigenen Weg gehen will und keinen, den man ihm vorgibt. (**10 Punkte**)

Für die wichtigsten Merkmale einer Kurzgeschichte, die alle an „Im Spiegel" aufgezeigt werden könnten, gibt es **5 Punkte**.

In diesem ersten Teil sind also maximal **41 Punkte** erreichbar.

Aufgabenstellung 2

Für die zweite Aufgabe sind **20 Punkte** veranschlagt. Hier geht es darum, dass der/die Schüler/in den Perspektivwechsel vornehmen kann und sich in Achims Gegenüber hineinversetzt (4 P.). Aus dieser Perspektive wird ‚der Spiegel' darauf hinweisen, dass er eben nicht Achim ist, dass er nur glatte, kalte Oberfläche (Zeile 28) ist, nur Bild, nur Abbild. (4 P.) Er wird ihm sagen, dass er die Bemalung vielleicht schön findet, aber ohne Gesicht, ohne Achim bleibt sie leer. Achim wird darüber hinaus durch das Bild eingeengt, darf sich nicht bewegen. (4 P.) Vielleicht wird er Achims Wut wahrnehmen und das Kommende antizipieren, ihn von der Zerstörung abbringen wollen (Verletzungsgefahr), oder ihn sogar animieren, das Vorhaben auszuführen (Selbstfindung). (4 P.) Wie auch immer, die Arbeit sollte spielerisch mit dem schwierigen Grat zwischen Fremd- und Selbstbestimmung umgehen können. (4 P.)

Für beide Arbeitsteile wird dann noch die Darstellungsleistung zu bewerten sein:

Darstellungsleistung		
	Anforderungen: Der Schüler/Die Schülerin …	Punkte
	strukturiert seinen/ihren Text gedanklich klar	4
	belegt seine/ihre Aussagen durch angemessenes und korrektes Zitieren	2
	formuliert syntaktisch korrekt, variabel und komplex	4
	drückt sich präzise und differenziert aus	4
	schreibt sprachlich richtig (Rechtschreibung, Zeichensetzung, Grammatik)	10
		24

Für die Klausur 1 sind also maximal **85 Punkte** zu erreichen.

Bewertungsraster   Klausur 2: Thomas Hürlimann: Der Filialleiter

Inhaltliche Leistung		
Aufgabe 1	Anforderungen: Der Schüler/Die Schülerin …	Punkte
	formuliert eine Einleitung mit Titel, Autor, Textsorte Erscheinungsjahr,	2
	nennt das Thema der Kurzgeschichte (z. B. Krise in einer Ehe oder Kommunikationsprobleme in einer Beziehung)	2
	gibt den Inhalt der Kurzgeschichte angemessen wieder	8
	stellt dar, wie sich der berufliche und persönliche Alltag des Ehepaares abspielt: – erstarrt in leeren Ritualen (Fußbad, Fernsehgewohnheiten) – beide arbeiten im Supermarkt (Filiale = Familie)	4
	untersucht die Kommunikationsstruktur der beiden Ehepartner: – keinerlei direkte Kommunikation (außer: „Das Wasser wird kalt", Z. 47) – der Mann erfährt Mitteilungen der Frau nur über das Fernsehen – der Mann selbst ist ‚sprachlos', – die erste Betroffenheit über die starken Vorwürfe der Frau gelten seinem Ruf als Filialleiter (Ehemann), sein Supermarkt (Familie) wird zerstört – die Vorwürfe der Frau bleiben auf das Fernsehen beschränkt, im Alltag bleibt alles beim Alten	10
	deutet die Ergebnisse der Kommunikationsstruktur als Beschreibung einer entfremdeten, zerstörten, nicht mehr auf persönlichem Kontakt beruhenden Beziehung	4
	nennt einige auffällige sprachliche Merkmale und deutet diese, z. B.: – lauwarmes Kamillenbad – tote Füße – kaltes Wasser – Bildschirm-Maria-Lisa	4
		34

Aufgabe 2	**Anforderungen:** Der Schüler/Die Schülerin	Punkte
	versetzt sich in die Lage der Frau, nimmt einen Perspektivwechsel vor und hält die Form des inneren Monologs ein	6
	beschreibt das Gefühl, mit dem sie sich auf dem Bildschirm wahrnimmt	4
	sieht sich in ihrer realen Rolle, neben dem Ehemann vor dem Fernseher	4
	geht auf den Widerspruch zwischen den beiden Positionen ein	4
	nimmt Stellung zu den Verhaltensweisen ihres Ehemannes während der Fernsehübertragung	4
		22
Darstellungsleistung		
	Anforderungen: Der Schüler/Die Schülerin ...	Punkte
	strukturiert seinen/ihren Text gedanklich klar	4
	belegt seine/ihre Aussagen durch angemessenes und korrektes Zitieren	2
	formuliert syntaktisch korrekt, variabel und komplex	4
	drückt sich präzise und differenziert aus	4
	schreibt sprachlich richtig (Rechtschreibung, Zeichensetzung, Grammatik)	10
		24

Für die Klausur 2 gibt es **maximal 78 Punkte**.

Klausur 1

Aufgabenstellung:

1. Analysiere die Kurzgeschichte „Im Spiegel" von Margret Steenfatt (1984), indem du die unten angeführten Aufgaben sorgfältig bearbeitest.

2. Angenommen, das bemalte Spiegelbild könnte reden. Kurz bevor es von Achim zerstört wurde, hätte es Kontakt aufgenommen und mit ihm gesprochen. Was hätte es ihm in diesem Moment gesagt? Schreibe auf!

Margret Steenfatt: Im Spiegel (1984)

„Du kannst nichts", sagten sie, „du machst nichts", „aus dir wird nichts". Nichts. Nichts. Nichts.
Was war das für ein NICHTS, von dem sie redeten und vor dem sie offensichtlich Angst hatten, fragte sich Achim, unter Decke und Kissen vergraben.
Mit lautem Knall schlug die Tür hinter ihnen zu.
Achim schob sich halb aus dem Bett. Fünf nach eins. Wieder mal zu spät. Er starrte gegen die Zimmerdecke. – Weiß. Nichts. Ein unbeschriebenes Blatt Papier, ein ungemaltes Bild, eine tonlose Melodie, ein ungesagtes Wort, ungelebtes Leben.
Eine halbe Körperdrehung nach rechts, ein Fingerdruck auf den Einschaltknopf seiner Anlage. Manchmal brachte Musik ihn hoch.
Er robbte zur Wand, zu dem großen Spiegel, der beim Fenster aufgestellt war, kniete sich davor und betrachtete sich: lang, knochig, graue Augen im blassen Gesicht, hellbraune Haare, glanzlos. „Dead Kennedys" sangen: „Weil sie dich verplant haben, kannst du nichts anderes tun als aussteigen und nachdenken".
Achim wandte sich ab, erhob sich, ging zum Fenster und schaute hinaus. Straßen, Häuser, Läden, Autos, Passanten, immer dasselbe. Zurück zum Spiegel, näher heran, so nahe, dass er glaubte, das Glas zwischen sich und seinem Spiegelbild durchdringen zu können. Er legte seine Handflächen gegen sein Gesicht im Spiegel, ließ seine Finger sanft über Wangen, Augen, Stirn und Schläfen kreisen, streichelte, fühlte nichts als Glätte und Kälte.
Ihm fiel ein, dass in dem Holzkasten, wo er seinen Kram aufbewahre, noch Schminke herumliegen musste. Er fasste unters Bett, wühlte in den Sachen im Kasten herum und zog die Pappschachtel heraus, in der sich einige zerdrückte Tuben fanden. Von der schwarzen Farbe war noch ein Rest vorhanden. Achim baute sich vor dem Spiegel auf und malte zwei dicke Striche auf das Glas, genau dahin, wo sich seine Augenbrauen im Spiegel zeigten. Weiß besaß er reichlich. Er drückte eine Tube aus, fing die weiche ölige Masse in seinen Händen auf, verteilte sie auf dem Spiegel über Kinn, Wangen und Nase und begann, sie langsam und sorgfältig zu verstreichen. Dabei durfte er sich nicht bewegen, sonst verschob sich seine Malerei. Schwarz und weiß sehen gut aus, dachte er, fehlt noch Blau. Achim grinste seinem Bild zu, holte sich das Blau aus dem Kasten und färbte noch die Spiegelstellen über Stirn und Augenbilder. Eine Weile verharrte er vor dem bunten Gesicht, dann rückte er ein Stück zur Seite, und wie ein Spuk tauchte sein farbloses Gesicht im Spiegel wieder auf, daneben eine aufgemalte Spiegelmaske.
Er trat einen Schritt zurück, holte mit dem Arm weit aus und ließ seine Faust in die Spiegelscheibe krachen. Glasteile fielen hinunter, Splitter verletzten ihn, seine Hand fing an zu bluten. Warm rann ihm das Blut über den Arm und tröpfelte zu Boden. Achim legte seinen Mund auf die Wunden und leckte das Blut ab. Dabei wurde sein Gesicht rot verschmiert.
Der Spiegel war kaputt. Achim suchte Zeug zusammen und kleidete sich an. Er wollte runtergehen und irgendwo seine Leute treffen.

Aus: Hans-Joachim Gelberg (Hrsg.): Augenaufmachen. Weinheim, Basel: Beltz & Gelberg 1984, S. 218f.

Klausur 1

1. Worum geht es in der Kurzgeschichte, was steht im Mittelpunkt? Welchem der folgenden Sätze würdest du zustimmen?
   In der Geschichte geht es um ...

   a. ... aggressives Verhalten von Jugendlichen ☐

   b. ... Berufswahl und Schulausbildung bei jungen Leuten ☐

   c. ... die Suche nach der eigenen Persönlichkeit ☐

   d. ... den Druck, den die Freunde auf den Einzelnen ausüben ☐

2. Wir haben den Text in sechs Abschnitte eingeteilt und den Abschnitten Überschriften gegeben. Bringe die Überschriften in die richtige Reihenfolge 1–6 und gib die Zeilen an.

   a. Drinnen und Draußen – gefühllos und kalt   Nr.: _____   Z. _____ bis _____

   b. Ich male mir ein Bild von mir   Nr.: _____   Z. _____ bis _____

   c. Was wollt ihr eigentlich von mir?   Nr.: _____   Z. _____ bis _____

   d. Musik hilft   Nr.: _____   Z. _____ bis _____

   e. Ich gehe meinen Weg   Nr.: _____   Z. _____ bis _____

   f. Das bin ich nicht, verdammt noch mal   Nr.: _____   Z. _____ bis _____

3. Beschreibe, was für Achim die Musik bedeutet. Kannst du das verstehen? Was bedeutet Musik für dich?

Klausur 1

4. Was ist mit dem Zitat der Band „Dead Kennedys" gemeint? Erkläre in eigenen Worten die Bedeutung von: „Weil sie dich verplant haben, kannst du nichts anderes tun als aussteigen und nachdenken". Wer ist hier mit „sie" gemeint?

   _____
   _____
   _____
   _____
   _____

5. Erkläre, warum Achim den Spiegel erst bemalt und danach zerstört.

   _____
   _____
   _____
   _____
   _____
   _____

6. Schreibe eine Charakterisierung von Achim. Sammle dazu erst Adjektive, von denen du glaubst, dass sie ihn gut beschreiben und die im Text deutlich werden. Schreibe anschließend einen zusammenhängenden Text. Denke an Zitate oder Zeilenangaben aus dem Text. (Endfassung auf gesondertem Blatt)

7. Schreibe auf, warum die Geschichte eine typische Kurzgeschichte ist.

   _____
   _____
   _____
   _____
   _____
   _____

Klausur 2

Aufgabenstellung:

1. Analysiere die Kurzgeschichte „Der Filialleiter" von Thomas Hürlimann (1994)

Gehe dabei folgendermaßen vor:
Formuliere eine Einleitung (Autor, Titel, Erscheinungsjahr, Textsorte, erstes Textverständnis).
Gib kurz den Inhalt der Kurzgeschichte **wieder**.
Stelle dar, wie die beiden Ehepartner ihren Alltag verleben, welche Rolle der Beruf und der Fernseher spielen.
Untersuche die Art und Weise, wie die Eheleute miteinander kommunizieren, und **deute** deine Ergebnisse.

2. Die Kurzgeschichte ist mehr aus der Sicht des Filialleiters, also aus der des Mannes geschrieben. Versetze dich in die Lage der Frau und schreibe einen inneren Monolog, was die Frau denkt, als die Fernsehübertragung ihres Auftritts läuft.

Thomas Hürlimann: Der Filialleiter (1994)

Als der Filialleiter des Supermarktes auf dem Fernsehschirm seine Frau erblickte, erschrak er zu Tode. Nein, er täuschte sich nicht – das erste Programm zeigte Maria-Lisa, seine eigene Frau. Im schicken Blauen saß sie in einer größeren Runde, und gerade jetzt, da der Filialleiter seinen Schock überwunden glaubte, wurde Maria-Lisa von der Moderatorin gefragt, was sie für ihren Ehemann empfinde.

„Nichts", sagte Maria-Lisa.

„Maria-Lisa!", entfuhr es dem Filialleiter und mit zittriger Hand suchte er den Unterarm seiner Frau. Wie jeden Abend saßen sie nebeneinander vor dem Fernseher und beide hatten ihre Füße in rote Plastikeimerchen gestellt, in ein lauwarmes Kamillenbad – das stundenlange Stehen im Supermarkt machte ihnen zu schaffen.

Die Bildschirm-Maria-Lisa lächelte. Dann erklärte sie, über den Hass, ehrlich gesagt, sei sie schon hinaus.

Der Filialleiter hielt immer noch Maria-Lisas Arm. Er schnaufte, krallte seine Finger in ihr Fleisch und stierte in den Kasten. Hier, fand er, war sie flacher als im Leben. Sie hatte ihr Was-darfs-denn-sein-Gesicht aufgesetzt und bemerkte leise, aber dezidiert: „Mein Willy ekelt mich an."
Und das in Großaufnahme!

Nun sprach eine blonde Schönheit über die Gefahren der Affekteverkümmerung, und der Filialleiter, dem es endlich gelang, die Augen vom Apparat zu lösen, versuchte seine Umgebung unauffällig zu überprüfen. Jedes Ding war an seinem Platz. In der Ecke stand der Gummibaum, an der Wand tickte die Kuckucksuhr und neben ihm saß die Frau, mit der er verheiratet war. Kein Spuk – Wirklichkeit! Maria-Lisa war auf dem Bildschirm und gleichzeitig griff sie zur Thermosflasche, um in die beiden Plastikeimer heißes Wasser nachzugießen. Sein Fußbad erfüllte Willy auch an diesem Abend mit Behagen. Dann rief er sich in Erinnerung, was ablief.

Ungeheuerlich. Auf dem Schirm wurde das emotionale Defizit eines Ehemanns behandelt, und dieser Ehemann war er selbst, der Filialleiter Willy P.! Er griff zum Glas und hatte Mühe, das Bier zu schlucken. Hinter seinem Rücken war Maria-Lisa zu den Fernsehleuten gegangen. Warum? Willy hatte keine Ahnung. Willy wusste nur das eine: Vor seinen Augen wurde sein Supermarkt zerstört.

Maria-Lisa reichte ihm das Frotteetuch, aber der Filialleiter stieg noch nicht aus dem Eimer. Er hielt das Tuch in der Hand, und so stand er nun, nur mit Unterhemd und Unterhose bekleidet, minutenlang im Kamillenbad – ein totes Paar Füße, im Supermarkt platt gelatscht.

„Das Wasser wird kalt", sagte Maria-Lisa.

Der Filialleiter rieb sich die Füße trocken, dann gab er Maria-Lisa das Tuch.

Als die Spätausgabe der Tagesschau begann, saßen sie wieder auf dem Kanapee, Maria-Lisa und der Filialleiter, Seite an Seite, er trank sein Bier und sie knabberte Salzstangen.

Aus: Thomas Hürlimann: Die Satellitenstadt © 1992 by Ammann Verlag & Co. Zürich. Mit freundlicher Genehmigung des Ammann Verlages, Zürich

Reflexion der Lernerfahrung

Am Ende einer Unterrichtssequenz zur Selbstreflexion oder wahlweise zum Austausch mit einem Lernpartner/einer Kleingruppe eigener Wahl

Nimm dir einen Moment Zeit, um über die verschiedenen Punkte, die du in Bezug auf die Arbeit mit Kurzgeschichten gelernt hast, nachzudenken.
Benenne als Ergebnis jeweils **einen** für dich besonders wichtigen Aspekt:

... im Hinblick auf **inhaltliche Annäherung und Auseinandersetzung** mit den Kurzgeschichten:
- Welche ist dir besonders in Erinnerung und was hat dich angesprochen, zum Nachdenken angeregt oder irritiert?
- Welche hat dir gar nicht gefallen und warum?

_____

_____

_____

... im Hinblick auf Themen und Fragestellungen in den Kurzgeschichten, die für **deine eigene Lebenswirklichkeit, für deine Erfahrung** eine besondere Bedeutung haben:

_____

_____

_____

... im Hinblick auf deine **Erfahrungen als selbstständig und aktiv Lernende/r** (z. B. in Bezug auf Partner- und Gruppenarbeit, Verbindlichkeit der Absprachen, Eigenverantwortlichkeit, Kooperation):

_____

_____

_____

... im Hinblick auf die Wahrnehmung deiner Stärken und Schwächen und daraus folgende konkrete Entscheidungen für den angestrebten **Lernerfolg.** Was konntest du besonders gut, worin musst du dich verbessern?

_____

_____

_____

Anhang

Auswertung der Portfoliomappe Rückmeldebogen 4
von: _____

Mitschüler/in: _____   Datum: _____

Kriterien	Bewertungsstufen (und Raum für Kommentierung)[1]		
	MitschülerIn	Selbstreflexion	LehrerIn
Die Pflichtaufgaben sind vollständig erarbeitet.			
Die inhaltliche Erarbeitung ist ausführlich und differenziert.			
Formaler Aufbau und visuelle Gestaltungen (Mindmaps, Schaubilder, etc.) vermitteln Übersicht.			
Persönliche Auseinandersetzung und selbstständiges Arbeiten sind erkennbar.			
Sprachliche Darstellung (Rechtschreibung, Zeichensetzung, Satzbau)			
Zusätzliche Eigenleistungen sind vorhanden.			
Das Portfolio dokumentiert Kreativität, Problembewusstsein, inhaltliche und methodische Kompetenzen.			
Sonstige Bemerkungen (z. B.: eine besondere Wertschätzung …):			

_____

[1] Bewertungsstufen: 1 = niedrigste Wertung   2 = mittlere Wertung   3 = höchste Wertung